日出鹽
從這裡往南
為木曾路
上高地
木曾川
贄川
鳥居峠
木曾平澤
藪原
奈良井
木曾大橋
宮之越
旗擧八幡宮
御嶽山
原野
福島關所跡
木曾吊橋
木曾福島
上松
寢覺之床
駒岳
小野瀑布
阿寺溪谷
柿其溪谷
大桑
須原
野尻
南木曾
三留野
馬籠峠
從這裡往北
為木曾路
妻籠
男人瀑布・女人瀑布
落合宿
馬籠
十曲峠
中津川
木曾道全圖
N
車站
宿場
景點
山與川

歌川廣重・溪齋英泉「木曾街道六十九次」

大吉利市

贄川

奈良井

藪原

廣重畫

宮之越

木曽福島

上松

須原

野尻

三留野

妻籠

馬籠

漫步木曾路

WALKING THE KISO ROAD

尋訪江戶歷史街道
古代日本的現代探索

威廉・史考特・威爾森 William Scott Wilson 著

引言

大致來說，地圖有兩種，一種是網格式地圖，另一種是敘述式地圖，網格式地圖在空間上訂出抽象的幾何學網格，以決定空間中所有物件或個人的座標……網格式地圖的厲害之處，在於抽象空間裡的每個人或物體的所在位置都可能被標示出來，但優點也正是缺點，網格式地圖把世界簡化成資料，記錄的是空間，而不是存有的意義。相較之下，敘述式地圖是從人或文化的觀點來呈現一個地方，記錄的是某次旅程，而不是描繪一個曾經發生過無數多次旅程的地方。敘述式地圖是根據旅人的一段故事來整理歸類，範圍是旅人的見聞或感受，不清楚劃分事件和地方，因為兩者的本質往往相同。

麥克法倫（Robert Macfarlane），《荒野之地》（The Wild Places）

多年前的某個清晨，我舒服坐著地方性電車駛離名古屋市，這班電車在市內停靠許多站以後進入市郊，經過被中世紀式牆壁包圍的大企業「王子製紙株式會社」，在幾處種稻和蔬果的農村暫停，最後進入濃尾平原，電車在無人看管的小車站又停了一、兩次讓人上下車，之後繼續前進，當時是初秋，山還是以綠色為基調，只有零星的秋色，一棵柿子樹上到處結著亮橘色果實，雲霧在小山坳聚集不散。

最後，電車來到我要下車的地方，一個名叫南木曾的村子，它藏身在安靜的小溪旁，這條小溪穿流整個谷地。我被告知，開往我的目的地妻籠的小巴將在兩分鐘後發車，我抓起背包衝出車站，來到一座小型停車場，買完票便跳上車去，幾秒鐘後車子駛離小村子，進入兩線道的十七號國道高速公路，沿木曾河駛過一、兩個村子，之後經過一間規模不小的雕塑公司，展示花崗岩墓碑和尺寸不一的佛教聖人、神話中的狐狸和幾隻巨無霸蟾蜍的雕像。不到十五分鐘，巴士來到另一個開放式小停車場，大部分的人在這裡下車。

沒有特別的跡象顯示，我們來到了一個非常有趣的地方，但是當我走過鋪設卵石的小巷弄後，突然進入一座兩、三百年以來幾乎沒什麼改變的小村莊，二十世紀初新建的鐵道過門不入，使它「欠缺」木曾谷其他地方的現代化而跟不上當今潮流，鎮上唯一的道路是極度狹窄的木曾路，兩旁是一間間商店、客棧和小餐館——在這裡能吃到的也就是一碗蕎麥麵，建築物全都為木造，材質歷經風霜但維護良好，顯然已經很有年代。我曾經背著新穎的尼龍背包，穿著Gortex雨衣，一腳踏進古代。

親切的商店主人告訴我松代屋的位置，我預約在此住宿兩晚，這又是一棟全木造的兩層樓建築，大大的木格子推拉紙門和落地窗佔據整棟建築的正面，我在櫃檯辦理住房手續時，個子不高、五十多歲理平頭的老闆告訴我，這間客棧有三百五十多年的歷史，他是第十八代當家。他說，松代屋除了廁所以外其他地方都維持原樣，他把幾間廁所改成現代的樣式，以符合東京、大阪、名古屋等地訪客的需求，客房裡只有電燈，沒有電視、電話或任何電器，電燈還是因為不得已，他的祖父才裝設的。

當天晚上，我被叫到樓下的小房間用餐，唯一的同伴是從東京來的報紙撰稿人，我們享用著河魚、野菜、烤蘑菇、飯和啤酒，討論周遭發生的大小事，還計畫第二天早上越過山隘到崗哨鎮「馬籠」，回去後，他會寫一篇關於木曾路妻籠路段的文章。

第二天早晨，這位新認識的朋友跟我一早就吃了魚、味噌湯、蔬菜和白飯的早餐，之後啟程徒步，客棧老闆好心提供小鈴鐺繫在身上，以嚇走棲息在山裡的熊，天氣冷涼，天空清朗無雲，我們沿路聊天，走過低矮但險峻的山路（舊木曾路），信心十足地搖響小鈴鐺，約莫每半小時就停下來休息。舊木曾路多半在茂密的杉木林中蜿蜒前進，道路本身多半是在一六〇〇年代初期，用原始未經琢磨的大石頭鋪設的「石疊」，古老的守護神石像隨處可見。

最後，我們衝過山隘頂端往下走到馬籠村，這個小村落經過保存後被燒毀，之後又大致以原樣重建了超過一百年之久，我的撰稿人朋友在這裡搭巴士啟程返回東京，我搭別輛小巴前往妻籠。當天晚上我在不斷流著幾近沸水的傳統木造浴缸裡好好泡了個澡，吃了晚餐後，到村子裡走走，看見頭頂的星星是我有記憶以來最多的，沒有街燈，只是偶有燈光從客棧流瀉而出，近乎完全的黑暗和安靜。回到旅館鑽進被窩，想著打從這家旅館在很久以前成立以來，有許多旅人在這裡休息，有香客、陪同領主的武士、雲遊僧、詩人以及出外遊玩的平民百姓。有這麼多人為伴，我很快進入不受打擾的深度睡眠。

接下來是我在二〇一三年秋季時，在木曾路的徒步旅行記錄，木曾路[1]長約六十英里，穿過長野縣中部，起先主要沿奈良井，之後沿木曾河（從北到南），穿透卵石和森林覆蓋的山岳，也就是木曾山[2]。木曾路是中山道（也叫做木曾海道）這條三四〇英里道路的核心，中山道貫穿東京和京都，它被稱為「路」[3]，多半和十九號公路平行或合而為一，但也經常轉進山裡，成為有鋪設路面的小徑或泥巴路，或者是用古時候的石板鋪設的狹窄步道，木曾路已經被使用超過兩千年之久，十六至十九世紀是交通最繁忙的主幹道，旅人徒步、騎馬或乘坐轎子穿山越嶺，腳下是滾滾河水，走過架在懸崖峭壁上的吊橋，以及險峻的山隘。

在這條路上不太容易迷路，雖然我有時還是會，但沿路上會有日文、英文、韓文和中文的路標，因為當局不希望還得出來尋人。這裡有十一個村子，

1 古時木曾被寫成岐蘇、吉蘇或岐曾，今日被寫成木曾，意思是「樹木繁茂」。

2 木曾山平均高於海平面約八五〇〇英尺，被認為是日本中部阿爾卑斯山的一部份，木曾山脈的最高峰為木曾駒岳，高出海平面九六九八英尺。另一座有名的山峰為伊那山，高七一八八英尺，從馬籠看得到。

3 「路」是指旅人的雙足以及祈求神靈「各」一路相伴。有趣之處在於日本其他主要的公路被稱為「道」，也是道路或公路的一般稱呼。根據我有限的知識，只有木曾保留「路」這種比較具神祕感的稱法。

一六〇一年興建作為崗哨鎮，每個村子相距約六、七英里，現代的徒步旅行者可以比照久遠以前的旅者在傳統客棧過夜。儘管海拔的高度，會隨道路迂迴曲折穿山前進而快速升降，但即使是沒有受過嚴謹訓練的普通人，都可以在一個禮拜內走完全程六十英里。不過，我比較喜歡採取穩健的步調，感受山河之美，體驗傳統泡澡、美食以及客棧的被褥，這些樣樣都急不來，雖然過去十五年來，我多次行過木曾路，但這次的徒步旅行花了三個禮拜，若是時間允許，我會花更久。

這本旅行的記錄有點類似本文一開始引文中的敘述形地圖，這些年來我在木曾路旅行，幸運地遇到一些人，有客棧主人、咖啡店老闆、農民、佛教僧侶以及像我這樣的徒步旅行者，他們慷慨與我分享關於這裡的歷史、傳統和民間傳說等豐富知識，木曾路最早在七〇一年的日本編年史中被提及，正因為這悠久的歷史，因此市面上有多書籍不僅敘述這條路的地理和地形，也提到沿路哪些地方有鬼出沒以及狐狸、獾等動物棲息，專門魅惑心無防備的旅人，或者是哪些地方發生過有名的浪漫故事或悲劇事件，許多諸如此類的指南書，是在一八〇〇年代初木曾路人氣最旺的年代寫成，來滿足當時旅人的好奇心，至今依然極具參考價值。芭蕉和子規等詩人和記者也喜愛在木曾路旅行，我除了節錄早期指南書上的內容外，也收錄幾位詩人抒發對這裡印象的詩作，其中多首是由山頭火作，這位不修邊幅的禪師、俳句詩人也是清酒的「飲」君子，時時令我感到與他常相左右。

於是，本書涵蓋的區域不光是地理性，時間也不限於二〇一三年十月下旬至十一月初，而且徒步旅行的也不僅是我一人。

我也有幸多次與藝術家和作家等朋友們一起走木曾路，他們的精力和感受力，大大增進我對這條地球上最喜愛的道路的理解和樂趣，因此，我要向艾蜜莉（Emily）和亨利．威爾森（Henry Wilson）、蓋瑞．哈斯金（Gary Haskins）、羅伯森．亞當斯（Robertson Adams）、凱特．巴恩斯（Kate Barnes）、小林真治（Shinji Kobayashi）（音譯）、（Mayumi Tison）、克里斯（Chris）和凱西．奈特（Kathy Knight）、丹尼爾．梅維朵夫（Daniel Medvedov）和竹森吉妮與忠志（Ginny & Tadashi Takemori）等人致上最高的謝忱。我在旅途中也遇到一些人，他們淵博的知識、慷慨無私和親切，使我的旅行更有趣、舒適而且充滿知性，在此僅列出其中幾位，包括肥田功（Hida Isao）（音譯）、中津川的安藤峰子（Ando

Mineko）（音譯）和隆二（Ryuji）（音譯）、泰德・泰勒（Ted Taylor）、藤原洋平（Fjiwara Yohei）（音譯）、城田廣助（Shirota Hirosuke）（音譯）、奈良井的土川（Tsuchikawa）（音譯）夫妻、崛田文子（Hotta Fumiko）（音譯）、奧原佐（Okuhara Tasuku）（音譯）博士、陣村治夫（Jinmura Haruo）（音譯）、今井康子（Imai Yasuko）（音譯）、村上敦（Murakami Atsushi）（音譯）和他優雅的妻子今井昭紀（Imai Akinori）（音譯）、市川豊（Ichikawa Yutaka）（音譯）和柿其溫泉的美穗子（Mihoko）（音譯）、松瀨康子（Matsuse Yasuko）（音譯）、上垣良子（Uegaki Ryoko）（音譯）、藪原勇屋旅館的女將，以及藤原義則（Fujiwara Yoshinori）（音譯）。

我無法用言語表達對恩師市川隆（Ichikawa Takashi）（音譯）的感激，他在日本文學和文化方面的學識、對登山的精通和陪伴，在過去四十五年來幾乎與我在日本的經驗畫上等號，他的慷慨大度難以言表，我還要說的是，現在我還擁有他在一九六八年為我製作，極其精良的登山靴，可惜此行我沒能帶上。

我也要感謝香巴拉出版社的諸位好朋友，特別是貝絲・法蘭柯（Beth Frankl）、約翰・哥勒畢斯基（John Golebiewski）和強納森・葛林（Jonathan Green）三位，他們提出這個寫作計畫，並全程給予我支持，他們的耐心似乎無上限。

最後我要向我的日本語和文學教授深深一鞠躬表達感謝，他們是已故的理查．麥金儂（Richard McKinnon）博士以及平賀伸（Hiraga Noburu）（音譯）教授，兩人走過書中描述之路的深入程度，是我未來也難以望其項背。

前言

魚相造乎水、人相造乎道。
相造乎水者、穿池而養給。
相造乎道者、無事而生定。
故曰：魚相忘乎江湖、人相忘乎道術。

孔子說：「魚適合在水中，人適合在道上。適合在水中的，只要浸沒在池裡就能獲得滋養，適合在道上的，生活閒適寧靜。所以說，魚不會思索水的存在，人不會煩惱道或如何行走於道上。」

《莊子》大宗師　第六

木曾路上的徒步旅行，要追溯至十七、十八世紀，沿路有幾家旅館在當時

1 在此孔子使用「道」，也就是路。這個字是指有智慧的前進，十有八九的譯者會選擇譯成「the Way」，然而根據我個人的理解，傾向不這麼翻譯。我想，很會走路的孔夫子，也會同意我的看法。

建造而留存至今。日本早期歷史的編年史《續日本紀》，在西元七〇二年十二月的記錄上最初提及木曾路，文中寫到：「美濃國的木曾山脈，首度開放。」同書七一三年記錄這條路竣工以及應該前去的理由。「美濃國與信濃國一帶（即今日長野縣）山徑險峻，往復困難，故改道木曾路。」

不過，木曾路的歷史更久遠。從西元前一萬一千年起，以漁獵為生的繩文人便在這裡頻繁往來且居無定所，在此之前，這裡無疑是熊、鹿、野豬等的路徑，而這些動物至今依舊棲息於此。繩文時期後，以農業為主的彌生時期（西元前二〇〇—二五〇）及其後以皇室為核心的時期，這一帶的人口變少，然而到了第十、十一世紀，沿河岸興起村莊聚落，某些區域受到上級武士控制，這些武士住在宅邸中，支持佛寺，從事木材買賣的生意，最後，大名和當地軍閥畫地聲稱是土地的世襲者，沿路設起路障控制商業活動、抵禦盜匪以及某種程度的軍事入侵，木曾路的交通也跟著頻繁起來。木曾路從北到南經過的十一個城鎮為：贄川、奈良井、藪原、宮之越、木曾福島、上松、須原、野尻、三留野、妻籠、馬籠，在一五〇〇年代中期已經頗具基礎，在這沿著深谷和高聳林蔭蜿蜒的道路上，為選擇步行其上的旅人多少帶來安全的保障。

一六〇〇年十月，德川家康麾下的東軍，在日本史上的重要戰役中，擊敗效忠豐臣家族的西軍，決勝關鍵在關原這個被雨水和霧氣籠罩的平原上，經過近兩百年來足利幕府的沒落和民不聊生的內戰，這場勝利為國家帶來安定。家康不久被冊封為將軍，日本或多或少在他的掌控下，這麼說是因為當時的藩國和封地依然由大名統治，他們是世襲的軍閥，他們的效忠絕非理所當然。

各軍隊的一舉一動成為家康的心腹大患，他立即著手基礎建設，開闢五條被稱為「五街道」的幹道，監管軍隊和官員在首都江戶（即東京）和京都之間，以及地處邊陲的藩國間的往來，領地被這些道路穿過的當地大名必須負責道路的維護，但禁止設置地方性路障，而一律由將軍下令指定調度。視地形和道路狀況，每五、六英里指派崗哨站，五街道計有二四八個崗哨。

一六三五年，家康的孫子家光設置參勤交代制度，進一步加強中央政府對地方大名的掌控，這套制度要求日本所有大名每隔一年必須住在江戶數個月至一年，甚至要求大名的妻子和家人在江戶定居，形同人質。

參勤交代連同經濟上的重大進展，對五街道整體而言有著深遠的影響，特別是其中最常被使用的東海道和中山道，擔任大名隨從的武士動輒數以千計，也帶動崗哨鎮中客棧、商店、茶屋等設施的興起，道路安全與路況改善，使新興的富裕百姓也能放心行走其上。

十八、十九世紀，原本意在強化控制的制度，反而使大部份人民的移動獲得空前自由，創造一種道路的文化，影響文學、視覺藝術、美食，也讓不同的想法迸出火花，其中許多即使到今日，仍然被大眾視為日本的經典。

東海道和中山道都穿越京都與江戶之間，在五街道中的交通最為頻繁。平坦且幾近筆直的東海道，交通流量遠高於其它四條街道，它與東海岸平行，十二條河川穿流其間，也行經伊勢灣和浜名湖等較大水體。儘管橫跨必須乘坐渡輪，有時會遭遇大浪與漫長等待，但天氣相對溫暖宜人，因此較多人取道其上。

另一方面，中山道特別是木曾路段，穿過深谷並沿著險峻的峭壁，初夏和晚夏時期往往冷涼，儘管如此，這是皇室、貴族、公主及幕府將軍的家族偏好的道路，中山道上最知名的旅人，或許要屬和宮親子內親王，她於一八六二年前往江戶，嫁給當時的德川幕府十四代將軍家茂，約兩萬五千名男子隨行，他們在為期數週的行程中，在幾個較難行走的山隘協助前進，這位年輕公主從轎子簾幕後窺見的山巒與河流、林木與霧靄，與我們今日所見的景致大略相同，然而身為天皇之女，被上千貴族武士包圍，卻無緣體會庶民感興趣的事物，以及當我們繫著熊鈴、拄著手杖，走在這條路上時的所見所聞。

這條路

雖然東海道是由德川幕府及其代表們控制，但道路的維護則指派地方大名負責，因此各藩國的路段反映大名的威望，而受到藩國內外達官顯貴的密切關注。為此之故，即使是黃土路或鋪設碎石或大石，這些路往往保持平坦、利於通行的狀態，將軍也命令沿公路栽種松樹和柏樹，表面上是替旅人遮陽擋風，但或許也有軍事上的目的，只要砍斷這些樹木，使樹幹橫陳在道路上，就能阻礙軍隊進犯江戶。這些樹木與道路一樣需要維護。

為了沿路標示里程，於是在明顯位置放置一里塚（約二點五英里）（譯註：約四公里），通常是在松樹、櫻花樹或櫸木旁邊，中山道在江戶和京都之間約有一百三十個一里塚，有幾個至今依然可以在木曾路段上看到。

雖然如今木曾路的高低起伏很大，但許多平坦的步道讓行走變得相對容易，儘管山隘的海拔並不特別高，地勢卻相當陡峭且路面往往狹窄，由於有些達官顯要的隨從人員，還帶著成千上百的武士、馱馬和挑夫，使這群支援者要花數天甚至數星期才能通過。因此，沿路常有指定的休息站、交班點和茶屋，供旅人在此喘氣歇息，但不可過夜。

造橋必須經過幕府同意，有些橋跨越河流，然而更常見的是接在懸崖峭壁之後，以粗藤蔓和木板製作的吊橋，高懸在湍急的河流之上。有時橋被洪水沖走，而稅收和造橋的材料難以取得，如今有了國道高速公路和新的「汽車文化」，原始的橋也全都不復見。不過，上松崗哨鎮北方入口附近的吊橋遺址，被清楚標示為最知名的景點之一，旅人可以想像當時的人在步向這些橋樑之際的驚恐不安。

路上的人們

江戶時期（一六〇〇—一八六八）似乎每個人都在五街道上通行，然而既然是官方道路，最優先通行的當然是大名，他們或騎馬或坐轎，帶著為數眾多的侍從（除了高階武士外，其餘皆徒步行走），往返於領地和首都之間。士兵手持長矛，刀鋒用動物的毛皮覆蓋，走在隨從隊伍前面，隨從之中有廚師，甚至還帶了木桶供大名泡澡之用。前面提到，皇室成員也有以天皇密使的身分，或是伴隨被許配給幕府將軍的公主出行，其他遠道而來的達官顯要，還包括朝鮮使者以及居住在九州的荷蘭定居地的代表們。

其次才是庶民。各種等級的商人都有，從大商社的代表（商品多半透過海運）乃至肩挑扁擔販賣貨物的流動攤販。有前往伊勢神宮、四國三十三觀音靈場，或是到長野縣知名佛寺善光寺的朝聖者。有專精按摩、艾灸和針灸的視障按摩師「座頭」。有視障女性街頭賣藝者「瞽女」，三兩成群彈奏三味線，演唱《平家物語》等傳統歌謠。有鄉下醫生「田舍醫者」，他們將頭髮向後攏起紮成馬尾、身穿黑色外衣、攜帶陽傘，用大方巾將行醫用具裹成行囊背在背上。有為了興建或修繕寺廟而出外募款的和尚，還有一類頭戴大草帽，遮住大半個臉的「虛無僧」，吹著竹笛請求施捨。虛無僧按理屬於佛教的普化宗，但有人懷疑他們是為政府擔任間諜，因此任誰都不想與之親近，無論在地人或旅人，對他們配戴短刀的事實都心懷顧忌。

不過，除了聲勢浩大的大名隨從外，以中山道和東海道為首的五街道上，為數最多的旅人要屬一群旅遊作樂的「有產旅客」，其中有鎮民、農民、得到或未經家人同意便離家幾天的婦女、決定放自己幾天假的店員小弟，甚至是沿路乞討的孩童，這群有產旅客聲稱自己是去朝聖，許多人確實是如此，但是朝聖已經成了娛樂，也是脫離乏味的日常生活，到外地見識的藉口。畢竟出外旅行並不需要很多裝備，只要有一雙牢靠的草鞋、一把紙傘或油紙衣擋雨，或許再加上一張草蓆以備急需。直到今日，以上配備和其他幾乎所有的旅行用品，都可以在沿路的眾多商店和茶屋買到。

崗哨鎮

崗哨鎮中的道路，一律為十五至三十英尺寬，至於城鎮的長度，則從四百多英尺到將近八千英尺不等。貝原益軒於十七世紀初通過木曾路時，描述崗哨鎮有小到只有二十八戶人家的馬籠，乃至大到有一百三十戶人家的木曾福島，十八、十九世紀間，經濟、政治或環境因素決定這些城鎮的興衰。

儘管大小不一，這些城鎮的結構基本上是相同的，中山道／木曾路是鎮上的主幹道或唯一道路，兩旁通常是商店、客棧和食物小販。不過，道路本身往往如蛇行般九彎十八拐，有時甚至來個L型大彎道，曲折蜿蜒的道路，加上城門出入口經常以石塊砌成長方形的升形城門，使進犯軍隊或有不良企圖的軍隊前往江戶途經此地時，因為困惑而放慢速度。

崗哨鎮原本被指定為大名往返江戶的中間站，並促進幕府和商人之間的交流，每個崗哨鎮都有一處由官方指定，供高位者宿泊的客棧稱為「本陣」，還有負責運送生活用品的「問屋」，幾家留存至今的本陣有柵門和正式的入口，高官顯要可以在最高級的客房休息或過夜，本陣的背面通常有神社或佛寺，以備戰時快速撤退之用。本陣附近有脇本陣，作為本陣不夠住時的備用，因此本陣自然是保留給身分最高的人。

隨著旅行在江戶時期逐漸普遍，庶民百姓也需要下榻的地方，於是名為「旅籠屋」的客棧如雨後春筍般興起，這類旅店基本上分為兩類，「飯盛旅籠」除了住宿外，化身成在客棧工作的下女也提供賣淫服務，原本規定只能有兩名這種「女服務生」，到頭來發現難以被遵守。不提供賣淫的旅籠屋叫「平旅籠」，多半是供女性旅客、已婚男子，以及在大名監視下的武士投宿，許多客棧雇用「留女」，她們以哄騙甚至強拉的方式，將旅客帶到客棧。

那個年頭在木曾路上營業的客棧，有幾家到今日還在營業，如今客棧分為兩種型態，一種是旅館，價位通常較貴且多半在客房中用餐，另一種「民宿」較不拘形式，旅客在公共空間用餐。

問屋往往是崗哨鎮中最忙碌的地方，這裡是貨物的轉運站，提供馬匹給大名及其武士與貴族，也幫忙安排將行李送到下一站，凡是有財力騎馬坐轎的商人和旅客，可以利用問屋的服務，問屋的經營者身穿長及大腿的外衣和成套長褲，享有佩刀的特權，他們的責任是確保有足夠馬匹和人力，來替大名搬運旅行時大量的必要裝備，有時需要從附近農村調派農奴來充當搬運工。

佛寺和神道的神社，滿足當地民眾的信仰需求，至今仍是如此。其中有些寺廟和神社的規模之大，與為數不多的人口簡直不成比例，木曾路上的寺廟以禪寺佔絕大多數，儘管禪宗讓人聯想到是個樸實無華與長時間打坐冥想的教派，但這些寺廟住持的主要功能，是為往生者舉行葬儀，保管祖先牌位，向當地人弘揚佛法和儒家思想，並且關注他們的一般福祉不被侵犯。中央政府認可並資助這些寺廟，同時希望住持與政府政策一致，尤其要對德川幕府的政策採取默許的態度。

崗哨鎮替執政當局監督甚至控管木曾路上龐大的交通流量，除了嚴禁路過這些城鎮外，騎馬或坐轎的旅客每到一個定點就必須更換交通工具，因此無論規模或人口，每個城鎮必定有某種程度的生意可做，每位旅客至少一定有機會，看到這條路的另一面。

我要提一下現代日本的咖啡館，特別是在古老的木曾路上。日本的第一家咖啡館於一八八八年在東京開張，名叫可否茶館，該店似乎還附設了浴池、撞球桌和書桌等設施，或許因為管理不善，最終以歇業收場，然而咖啡沒有因此在日本消失，咖啡館也很快取代茶屋，成為朋友聚會或個人解悶的場所，撇開咖啡豆的產地（例如牙買加或肯亞）不談，日本的咖啡通常濃郁香醇，日本人對沖泡咖啡相當講究，現代凡是早上十點前來到店裡的客人，通常能吃到「晨間套餐」，包括一顆水煮蛋，或許還有一份現做的馬鈴薯沙拉或包心菜沙拉，咖啡館多半舒適親切，不會以任何方式驅趕客人，這是個令人心曠神怡的地方，有些店專門播送古典樂，有些則是爵士樂等，幾乎都有報刊雜誌被放置在視線所及之處，此外還有專供人閱讀漫畫的咖啡館，將一本本圖繪小說陳列在牆上。

咖啡館是日本人生活不可或缺的存在，無論在多小的鄉鎮村落都找得到，因此今日咖啡館出現在木曾路上最傳統的崗哨鎮，或許也就不令人意外。咖啡館和這些城鎮中其他被保存下來的建築物一樣，所在地的前身經常是江戶或明治初期的某家商店，保留所有早期商家的傳統氛圍，老闆總是親切熱心，有時他們的家族已經在村子甚至在店址生活數百年，因而成為絕佳的資訊來源，也可以與他們閒話家常，而不會被視為從外地來的闖入者。

障礙

從十二世紀或許更早開始，地方和藩國的領主在沿路各定點設置名為「番所」的路障或檢查點，以管制軍隊行進、規範商業行為（尤其是盜賣木材的行為）、遏止搶劫，最主要是監控藩國人民的移動狀況。德川政權於一六〇〇年後，下令移除五街道沿線的番所，在各處興建「關所」以取而代之，關所為更大的路障或檢查點，受德川控制，委由當地大名、旗本經營，有些關所確實雄偉壯觀，建造在深谷中，或在瀕臨湍急河流的懸崖上，關所的入口是堅實的木門，出口有配帶武器的士兵把守。存放在關所的武器有槍、弓箭、沉重的木棍和裝有倒鉤的矛，用來捕捉試圖闖關的倒楣鬼。歹徒、精神錯亂者以及罪犯被戴上手鐐腳銬或綑綁，他們的命運交由負責治安的官員發落。

不過，關所的主要目的，是確保在江戶的德川政府安全無虞，因此最重要的功能是制止任何軍火進入首都，並監控大名的妻子和女兒們回領地時通過這裡。凡是企圖使這些帶有人質意味的女性離開江戶，可以被視為她們的丈夫或父親有反叛意圖的警訊，因此通常不鼓勵女性通過關所，就連容貌清秀的男孩也要接受搜身檢查，哪怕同行者是一群農民或商賈。

通過關所需要許可證或通行證（手形），庶民可以向佛寺的住持或神社的宮司、崗哨站的官員取得，有時客棧主人也能發給。由於江戶中期後旅客愈來愈多，手形的取得也愈來愈容易，有時即使沒有許可或通行證，關所的衛兵也照樣放行，尤其當有大隊人馬到來，這群人照理應該是來「朝聖」，這時一一檢查文件會妨礙更重要的事。

江戶時期的俳句家越谷吾山，記錄他在木曾路被路障擋下，而後被輕鬆放行的經過。

一開始我徒步行走，正準備通過美濃國福島的關所。守衛問我從事什麼職業，我說我是俳句老師。「那麼，」他說，「做首俳句來證明，我就讓你通過。」就在此時，有隻布穀鳥發出叫聲，（於是我吟誦道），

關所前
通行受阻
布穀鳥

關所周邊的小路讓通行變得更加容易，只要問當地人就知道它們的位置，有時也可以參考指南書。有些情況是關所的圍牆被鑿了一些洞，獨自一人甚至一群人可以趁著夜裡（大門從早晨六點開放至傍晚六點）鑽出洞外，繼續旅程。

總的來說，五街道沿路的五十三處關所，為國家帶來某種程度的安定，首先是政治的安定，接著才是商業和社會安定。雖然中央和地方政府都不鼓勵百姓出外旅行，但是關所把關不力無法壓抑這股潮流，一八六八年的明治維新以及藩鎮諸侯瓦解，許多關所被視為舊時代的遺緒而遭拆除，留下來或被重建為重要歷史場所的關所，則成為有增無減的旅客們驚嘆的目標。

昨日、今日

人們在木曾路上旅行有近一千年歷史，有的是來尋找靈感，有的來欣賞美的事物，也有人純粹是享受穿過俊秀山河的喜悅，十二世紀，詩人和尚西行法師一面寫和歌，一面以苦行方式經由木曾路前往當時的首都鎌倉，十七世紀的佛僧沢庵和俳句詩人芭蕉進入木曾，沿途做了許多筆記，寫了一首首詩句，之後有詩人蕪村、橫井也有、子規與山頭火、貝原益軒（醫師、哲學家，也是作者），以及知名的浮世繪師廣重和英泉。作家十返舍一九在著作《續膝栗毛》中，描述兩位滑稽的人物喜多和野次在木曾路上的經歷，吉川英治精彩描寫劍客宮本武藏不僅走過木曾路，還曾在一座瀑布下修行（譯註：位於妻籠的男滝），現代的徒步旅行者仍然喜歡造訪這座瀑布賞景。然而不光是這些知名旅人對著景色瞠目結舌，坐在地上數著腳上的水泡，造訪知名的禪寺，飲用冰涼的山泉水，在當地客棧度過快樂的夜晚。今天日本的徒步旅行者和觀光客還是走同樣的路，有些人只是為了走出都市，欣賞秋天深山的楓紅和春天的櫻花，有些是想體驗現存的傳統日本，那曾是不太久遠的祖先們的家常便飯。

不過，說「同樣的路」並不太精確，這條路幾千年來曾經被地震、颱風、洪水或人為因素而掩蓋或面目全非，就連最近幾年前，有一小段路被土石流掩埋，導致徒步旅行者必須改道，有些地圖標註木曾路的某些路段為「舊木曾路」，然而如果以百年為單位來思考，或許不禁要問：「所謂的舊是相對於什麼？」儘管如此，旅人會發現景緻的改變不大，霧靄依然籠罩層疊的山巒，木曾路上清澈湍急的水依然從巨石上流過，攀爬山隘依舊不比陪在騎馬的主子們旁邊的武士輕鬆，外頭裹上甜味噌的烤糯米糰子「五平餅」，是古時候用來振奮精神的小吃，至今仍可以在當地攤販買到，旅人也還是能夠在一間可能開設於哥倫布發現新大陸後不久的客棧住宿。許多觀光客步出降落在東京或大阪郊外的國際航班，就是想看這樣的日本，但卻從沒能離開那迷人、有趣卻現代到令人煩亂的都會區。英國傳教士也是登山家的沃特．威斯頓（Walter Weston）在一九一七年所寫的，今天看來依舊貼切。

直到今日，一般人仍有個普遍印象，認為來日本尋找如畫般的原始美景——某種程度上是其他國家所無，但在這裡卻隨處可見，除非他是走馬看花——的旅人，可能發現機會不再，是徒勞無功的探索，然而令人高興的是，只要懂得門道，就能在四十八小時內，從日本帝國的核心，找到僻靜孤寂的山谷，那古老世界的風貌、奇特的迷信，以及幾乎凌駕信仰之上的原始制度，從東京出發不到兩天的時間，彷彿就從二十世紀，一躍回到十世紀。

《遠東的遊樂場》(The Playground of the Far East)

附帶一句，本書描述的崗哨鎮，多半都可以從東京或名古屋乘坐JR中央線到達，電車到不了的城鎮可以搭小巴和計程車。不過我贊成梭羅，雙腳是最好的交通工具，水泡和被雨水浸濕的靴子則另當別論。

上木曾

下木曾

上木曾

江戶（東京）・啟程・贄川・奈良井・鳥居・藪原・宮之越・木曾福島和御岳山

第1章 江戶（東京）

旅行時
不可任性為之
時時抱持憂患意識
反能順心如意

八隅蘆菴

佛羅里達州的邁阿密和日本東京之間的飛行時間，大約為七個半小時，有很充裕的時間來思考接下來的旅程。我計畫獨自一人走完六十英里的木曾山脈，夜宿沿路的傳統客棧，我用這種方式徒步旅行過好幾次，一直都很喜歡，然而此刻我被困在狹小的座位，吃著來源可疑的食物，看著了無新意的電影，左邊乘客的身體佔掉一個半的座位，給予我許多時間質疑這趟旅行是否明智，這位鄰座枕著我的肩膀酣睡，因為在他隔壁坐著更龐大的身軀，似乎無意與他共用扶手，幸好我至少還是靠走道的座位。

睡在我隔壁的這位乘客中途醒來，他說他在軍隊服役，正要前往菲律賓，我問他前一個駐紮地在哪裡，他回答是烏茲別克，又說那必定是在歐洲某處，因為那裡的人似乎都在說德文（譯註：烏茲別克位在中亞）。我思索這個有趣的旅行資訊，決定別再吵他，前往馬尼拉的路途遙遠，或許對他來說，那是個位在南美洲的國度。

最後，飛機順利降落在成田機場。沒有人想翻看我歷經風霜的背包，於是我迅速通過海關，買好往東京的急行列車車票，在這一個半小時的車程中，我幾度睡著，幾度在晃動中醒來。從漆黑的車窗往外看到熟悉的光景，居酒屋前的紅燈籠，寫著漢字的霓虹招牌，時不時出現的Lawson或Circle K等便利商店。列車最後進入新宿站，我通過迷宮般的廊道，叫了一輛計程車，前往神樂坂。

神樂坂地處山丘，過去是藝妓所在的花街，如今充滿傳統的酒館飯館，來迎合有錢或花錢不眨眼的人們。計程車停在山丘頂上一間橘紅色和白色相間的佛寺前，我付了車費給和藹的司機後，便鑽進對街狹窄的巷道，順著崎嶇的卵石地來到和可菜旅館。一進大門有個小花園，拉開前門跨過門檻，貓咪端坐在低矮的木桌上，小梗犬英勇地吠著衝出來迎接我，走在後面的是客棧女老闆。

和可菜是一間傳統的小客棧，以「寫書旅館」（本書き旅館）著稱，也被稱為作家的客棧。一九五四年由知名的美麗女星（譯註：木暮實千代）創立，目前經營者是妹妹，今年是旅館營運第六十周年，女老闆（即女將）考慮將旅館關閉，結果遭到老主顧強烈反對，其中不乏小說家、劇作家、電影導演、電視作家等，許多人在幾十年間曾在這裡度過無數時光，書寫名作的同時，也沉醉在清酒和周圍的氣氛中。多年前的某個晚上我曾在這裡寫作，不時聽著附近酒館傳來的微微笑聲，這時突然一陣短暫的震動，笑聲立即停止，然而不到一分鐘又恢復剛才的樣子。人們來到有著古老歷史的這一帶與朋友相聚，喝幾杯清酒，不會被地震這種稀鬆平常的事掃了興致。

還不到深夜，我把背包留在房間（其實有兩間房，一間有六張榻榻米，另一間四個半），回到來時的小巷弄找東西吃，我在附近發現一家平價烏龍麵店，點了一碗麵跟一小瓶生啤酒，我坐下的時候，沒有發現原來坐在隔壁的也是老外，一位讓人感到愉快的英國年輕人，攢下在出版業工作的積蓄來這裡渡假六天，也是第一次造訪日本。他住青年旅社，打算在東京待三天後，坐夜間巴士去京都，我們用完餐後，走到熙攘的街道上互道珍重。

我對自己說，只有年輕人才適合搭夜間巴士，接著快步回到安靜舒適的和可菜。我換上浴衣便往浴池走，這家旅館的浴池內有用河石堆砌的階梯，一整面牆上貼了火山岩，這類住宿有為客人提供必需品，包括洗髮精、潤絲精、沐浴乳、幾條薄的小毛巾、牙刷和小管牙膏。我坐在木凳上刷洗身體，一次次將木盆子接滿熱水淋在身上清洗，沐浴完畢，我慢慢沉入小小的大理石浴池中。

一個人的浴池
滿而溢

種田山頭火《行乞記》

日本傳統浴池的水通常很燙，只能一次一根腳趾頭踩下去。泡完澡起來時全身紅通通像龍蝦，上床睡覺是唯一的選擇。幸好旅館的工作人員趁我泡澡時已經幫我鋪好被褥，我不到十點半就鑽進被窩，短短一分鐘內就沉沉睡去。

每個整點小時，我就因為時差而醒過來，但我堅持繼續躺著而時睡時醒，一面擔心接下來的長途跋涉，我是否能夠勝任，以及體能。之前在浴池時，我仔細瞧了瞧那瘦得可憐的大腿，不知道這雙腿如何帶我通過隘口，走完較長的路程。但一切為時已晚，走不動也得走。

早晨六點半，我再也睡不著，於是起床更衣，快速離開客棧，走在濕漉漉的街道上，朝佛寺對面的Café Volace走去。上班的人潮已經出現，路旁一位女士忙著把待出售的花擺好，Café Volace的客人們很安靜，在帕赫貝爾（Pachelbel）卡農D大調的背景音樂下，穿著得體的上班族有的看報紙，有的盯著iPad和iPhone，這是當今的日本，也是接下來三個禮拜，我不會看到的日本。

喝完咖啡歐蕾，天下起雨來。我買了一把廉價雨傘，過馬路到對面寺廟，捐了一百圓香油錢，祈禱平安歸來。我還買了一個小小的老虎御守護身，窗戶後頭的女士收了錢，告訴我這座寺廟是德川家康在一五九五年即將當上幕府將軍時建造的，克拉維爾（James Clavell）的著作《幕府將軍》（Shogun），就是根據德川家康打造書中人物寅永（Toranaga）。這是座日蓮正宗的寺廟，供奉的卻是毘沙門天，祂是「四天王」也是「七福神」之一，穿戴盔甲、手持長矛，抵擋佛教的敵對勢力，保護佛法（我希望，祂也保佑獨自行走在古老街道上的人）。

和女士交談之際，老的小的、穿著正式與日常衣服的人們在細雨中步上階梯，他們鞠躬然後祈禱，接著恭敬地扔幾個錢幣到賽錢箱，看來毘沙門今天會很忙。

回到和可菜的路上，我向人行道上的花店買了幾朵花給女將，小狗宣告我的歸來，陪我返回客房，早餐已經準備就緒，有烤鮭魚、茄子、菠菜、稍稍煎過的豆腐、白飯、用淡醬油煮的香草、味噌湯和綠茶，排在紅色漆器盤子裡，令人食指大動。

用冷水簡單刮過鬍子後，我再三確認背包裡的東西，安排就緒後，向女將道別，到山丘頂上的The Bronx去喝一杯臨別前的日本飲料，這間店也是我在東京最喜歡的咖啡館。老闆蓄著山羊鬍，顯然經歷過日本的嬉皮歲月，他還記得幾年前我曾來過，在我們的交談過程中，警告我有「兩」個颱風正從西南方朝木曾區域而來，明天很可能會登陸，這可不是什麼振奮人心的消息，但我還是向他道謝後啟程，招了輛計程車到新宿車站，搭電車到此行的起點鹽尻市，不管天氣如何，我都要進入木曾路。

不過，首先是出東京的漫漫長路。過去的小漁村，今日全世界數一數二的大城市，東京幾乎全是由鋼筋水泥打造的迷宮，大型建築物櫛比鱗次，繁忙的交通，街上永遠擠滿人。然而，我透過車窗看見小樹林或植樹區分布在各處，包圍著當地的神社或佛寺，那是獻給神明和佛菩薩的綠地，彷彿是要喚起他們源自太古時期的記憶，這些景色讓人想到東京原本是個城郭，逐漸發展進而包圍周遭的村落，到處都是結滿橘紅色果實的柿子樹——即使在東京。

須臾間，電車穿越霧靄迷濛的叢山，這些山的林木蓊鬱，正在轉變顏色的樹葉和秋天的到來，把山妝點得煞是亮麗。電車繼續進入甲斐，此處地形上有點類似盆地，以生產葡萄等水果聞名，也是戰國時代大將武田信玄的根據地，信玄在統一日本的過程中，被槍彈擊中而亡，也有一說是急病而死，在他無能的兒子領導下，跟隨者全部遭到殲滅，如果信玄能活著實現雄心壯志，甲斐可能成為今天日本的首都，而東京（或稱為江戶）將只會是又一個從封建時期留存至今的城郭。

電車總算進入約七千人口的鹽尻。鹽尻也是古時中山道上繁忙的崗哨鎮，至今仍保有純正的古早風味，早在繩文時期（西元前一一〇〇〇—西元後二〇〇年）就有人居住。我在這裡會下榻朝日旅館，這家旅館有超過百年歷史，過去設崗哨的時期，旅人喜歡在此休息住宿。為了與時俱進，幾年前將三層樓高，以木頭和泥土建造的舊建築物拆除，重建成兼具和式和洋式客房的現代客棧。

來不及預約晚餐，我在下著毛毛雨的昏暗街燈下行走，發現一間新開張的蘋果電腦專賣店，到處布置了萬聖節的裝飾和南瓜，大片玻璃窗上貼著祝我「萬聖節快樂！」感覺相當不協調。日本的一些地方熱中慶祝萬聖節，大人小孩穿著道具服開派對，也給了大人又一個喝酒的藉口，不給糖就搗蛋！日本人確實喜歡節慶，包括現在的聖誕節和情人節也是，不過大部分的節慶都在夏季月份舉行，因此人們必定會開開心心，把這個新的深秋「祭典」加進行事曆。

晚餐在蘋果專賣店的咖啡館吃了特餐拿坡里披薩後，我上樓到他們的書店，找到一本童書版的孔子《論語》，書中由當地藝術家用蠟筆繪製美麗的插圖，儘管會增加行李重量，但這本書可愛到令人難以抗拒，加上我想閱讀，況且途中隨時可以送給遇到的人。

回到旅館房間，我把無所不在的有料色情節目廣告單撇到一邊，坐在書桌前，翻開新買的書。

沒有比隱藏的更明顯，沒有比細微的更清晰，

因此，君子獨處要特別謹慎。

（譯註：莫見乎隱、莫顯乎微，故君子慎其獨也。）

《中庸》第一章

孔子的忠告在我略帶睡意的腦子裡盤旋，我爬上舒適的床，這會是我接下來好一陣子不會再睡到的西式床鋪，明天我將以無比決心展開旅程，需要盡可能地休息。

第2章 啟程

旅行第一天，邁開堅定穩健的步履，確保腳已經適應了鞋子。啟程之後的兩三天要經常休息，腳才不會痛。一開始，大家都會迫不及待趕行程，完全不想歇息，但如果你的腳開始疼痛，這趟旅程可有的受了。無論如何，務必從第一天就把雙腳照顧好。旅行的隨身攜帶物品要極度精簡，不要超過一個小背包的容量。或許你以為你需要帶很多東西，但其實這些東西只會造成麻煩。

《旅行用心集》（一八一〇），旅行必殺技的文集

時差和失眠再度折磨我。清晨四點半左右我放棄睡眠，打開電視看氣象報告。頭腦清楚的年輕播報員立刻告訴清早觀眾，第二十七和二十八號颱風很

可能在幾小時內「包夾」長野縣（以及木曾路），帶來大量降雨。此外，福島外再度發生規模七的地震（非同小可），針對東北海岸發布海嘯警報。

所以說，或許「大量降雨」反倒是我最不用擔心的。

關上電視，我回到孔子的教誨，看到這一條：

智者樂水、仁者樂山、智者動、仁者靜、智者樂、仁者壽

（有智慧的人喜歡靠近水，仁慈的人喜歡靠近山，
有智慧的人好動，仁慈的人好靜，
有智慧的人過得快活，仁慈的人長壽）

木曾有很多水（中國古文的水是指河）和山，所以智者和仁者應該都會優游自在。

早餐在餐廳裡吃，朝日旅館屬民宿性質，四位早起的鳥兒在另一桌吃早餐，但他們邊吃邊忙著看報，我也就沒跟他們聊天。早餐有一片蠻大的烤鮭魚、溫泉蛋、一盤竹輪（管狀的魚膏，口感紮實如鬆餅，真的很好吃）、菇類和豆腐、一碟子

切好的生菜和一顆梅干（鮮紅色的醃梅），附上海苔片的白飯、綠茶然後咖啡。吃下這些，我就可以準備上路了。

我回到客房重新打包背包。雖然理論上我擁護史蒂文森（Stevenson）的「輕裝旅行」名言，但是經過精簡的打包清單，還是包括了刮鬍工具包、小針線匣、旅行鬧鐘、阿斯匹林、安舒疼（Advil）、維他命、裝有OK繃和新黴素的小型急救箱、牙刷牙膏、小剪子、迷你型手電筒、手持式鏡子、五件長袖汗衫、六條內褲、替換用的襯衫跟牛仔褲各一、三雙羊毛襪、一雙襯在羊毛襪裡的絲質襪、一件新買的斗篷、寫作用的文具，以及日英字典、英日字典和漢日字典各一本。對了，還有新買的孔子教誨書。

早餐花了太久時間喝咖啡，到車站才發現前往此行真正起點日出塩的本地電車剛開走，下一班電車最快也要等兩小時，既然到日出塩的計程車資不太貴，我決定不等下班電車。計程車司機是當地人，對這一帶很熟，他似乎蠻樂見我這趟旅行，給了我一張很棒的步行地圖，跟我口袋裡的一模一樣。車子在雨中經過羊腸小路，我們聊了一點歷史和木曾路的美，他走過好幾次。我告訴他，這是我第四次徒步旅行，他點頭微笑表示贊同。「歩き飽きることを知ら

ないね。」——怎麼走都不會膩的，對不對？

經過二十幾分鐘，這位新朋友將車子轉進窄小如巷道般的舊中山道，讓我在通往日出塩火車站的路前方下車，說是火車站，其實就只是三面包圍，有頂蓋的遮蔽物，底下放了一張長凳。他擔心下雨，但我說我是有備而來，請他放心，他在猶豫中把車子開走後，我花了二十分鐘，搞清楚該怎麼打開新買的斗篷，遮住身體和背包。

日出塩是個小鎮，從以往的崗哨鎮「本山」走到這裡只需幾分鐘，住家稀稀落落，在我對面的主幹道有一間大型加油站，我所在的是一條較小的路叫做木曾路，也是中山道的核心。小車站前那條路的路邊，還有一座古代的一里塚，高約二點五英尺，標註這裡距江戶（現代的東京）有六十一里，距京都七十一里。

根據一八〇五年版的《木曾路名所圖繪》，「木曾路沿路有許多店鋪販賣各種獸皮，尤以贄川和本山（亦即日出塩）之間最多。很多人向過路的旅人兜售熊肝，務必小心。」一八〇二年大田南畝的《壬戌紀行》中，寫到：「日出塩的商店區有販賣熊皮，但以東沒有〔像這樣的毛皮了？〕。」

古代中國和日本認為熊膽能治許多疾病，無疑是基於熊的強大生命力，且將肝臟視為身體所有器官的大將軍，控制神經系統和感知。這一帶仍有為數眾多的小黑熊，我在日出塩和贄川之間遇過兩次，牠們都是看了我一眼就跑進溝壑中，熊的視力很差，不知是不是因為把背著背包的我看成一團模糊的黑影，誤以為是超大的熊。熊的研究學者皮卡克(Douglas Peacock)寫到他在黃石國家公園多次遇到灰熊，他將雙臂抬起至臀部以上一英尺左右以虛張聲勢，結果奏效。或許我的背包也幫了忙，但這使倆可不能保證一定有用，因此我不建議對它抱太大的期望。

這次我沒看到熊，但風雨一前一後到來，把沒有被斗篷遮蔽的部分淋得濕瘩瘩。不到一小時，我就來到標註木曾路真正起點的石碑，上面刻著「これより南木曽路」意思是「從這裡往南，木曾路」。這裡開始的山愈來愈逼近道路兩側，山谷更深邃，旅人每邁一步，就為眼前的氣氛震撼不已。島崎藤村在小說《黎明前》(夜明け前)，寫到生活或來往於木曾的人熟知的情景。

木曾路全程穿山越嶺，有些路段挨著巨石峭壁，有些沿深邃的木曾河河床前進，還有些地方是繞山麓陵地蜿蜒起伏，進入山谷。就這麼一條路，穿透深林區。

已經是十月下旬，但樹葉才開始在山邊轉紅，暗示在不久後，令人驚艷的色串將遍布各處，楓樹等落葉樹的紅色、紫色、黃色、棕色，間或綴以柏樹、松樹和柳杉的綠。各處柿子樹叢光禿禿的枝幹上，垂下滿滿橘紅色的果實，煞是醒目，這時奈良井河時而出現眼前，時而消失在我右邊的深谷中，在這裡僅僅是從木曾駒岳傾洩而出的急流，卻成為日本最長的河川，最終跟另外三條河匯聚，在越後交界成為信濃川，流進日本海。不過，木曾北端的奈良井河狹窄以致被秋天的樹葉遮蔽，只有暗自發出的汩汩水聲，提醒旅人這只是起點，河川旅人都還有漫長的路要走。

從日出塩開始，木曾路沿國道十九號公路一路前進，直到第九個崗哨鎮三留野。一八〇〇年代末至一九〇〇年代中，交通運輸的建設時期，讓高速公路和JR中央線經過木曾谷是挺方便的，幾乎沒有考慮到這一帶在歷史和景觀上的重要性。想到這裡時，卡車在我身旁快速通過，颳起一陣狂風把我頭上的帽子吹落，我回頭追帽子，斗篷在風雨中飄啊飄。

經過一小段傾斜的路面，木曾路急轉直上一條狹窄的小路，進入名叫片平的村落，這裡有一座建造於一五七五年的禪寺，有著相當浪漫的名字叫鶯着寺，意思是「夜鶯到來的寺廟」。我到處逛了逛，看不到跟傳統佛寺有一點相似的地方，最後我按了這附近幾間房子其中一間的電鈴來問路，一位面帶微笑，頭髮花白的男子拉開拉門，他撐傘和我走在細雨中，替我指方向。幾步路外的小台地上有一間看似民宅的建築物，門上掛了一個木招牌，入口旁邊有幾個小型石碑，隱約猜得出這間屋子是用來做什麼的，帶我過來的先生說，住持每個月只開車到這裡一、兩次，又說鶯着寺的名字跟這間廟背後的梅山有關，在日本，將梅子和夜鶯組合饒富詩意，俗話說「好比夜鶯發現梅子」（鶯の梅見つけたよ）是指梅子是合宜且令人想望的東西。（譯註：原文是「梅に鶯見つけたよ」日本人將松和鶴、梅和鶯連在一起，前者作為不老的象徵，後者代表春天的到來。）

地藏是保佑兒童、小動物和旅人的菩薩，祂的木雕像被供奉在廟裡。地藏被尊為菩薩，穿梭於六道中——地獄、惡鬼、畜生、人間、修羅和天——指引眾生迷途知返，回歸佛法。地藏通常被描繪成手持錫杖，杖頂有六個鐵環，用這根錫杖敲開地獄之門。鐵環會隨著祂走路而發出叮噹聲響，向小動物告知祂的到來，提醒牠們小心別被踩到。可惜這座廟的入口上了鎖，這裡的地藏將繼續成為一個謎。

我深深一鞠躬告別，那位先生放下雨傘向我回禮，我繼續行程，村落邊緣有一尊古老的馬頭觀音石像，這是保護動物（特別是馬和牛）的神明，觀音是慈悲的菩薩，古時以馬匹精良著稱的木曾谷，各處可見馬頭觀音。

被地衣覆蓋的道祖神像，是以老先生和老太太的形象呈現的神祉，像地藏般出現在路邊保佑旅人，經常遇到這些古老的神明令人開心振奮，也為獨行的人提供某種形式的陪伴。

最後，這條路轉了個彎進入國道高速公路，這時山脈逐漸逼近路的兩旁，感覺路好像會突然閉鎖。短短幾分鐘，我穿越主幹道，走進崗哨鎮贄川。

路程時間：日出塩至贄川宿：八公里（四點八英里）。二小時三十分。

第3章 贄川

（標高二七〇〇英尺）

從今而後
我的名字叫旅人
入秋初次大雨

（譯註：此俳句為松尾芭蕉於一六八七年十月二十五日出發參加父親忌日前，在送別會上寫的俳句，意思是當他啟程後，所遇到的人們將只以「旅人」的稱謂來代替他的姓名。原文的初時雨通常指入冬第一場雨，本書作者翻譯成秋天的第一場雨。）

芭蕉

當貝原益軒這位既是醫生也是哲學家的武士，在一六八五年通過贄川時，他只寫下：「這是個相當偪促擁擠的村子，有六、七十間房子和一處關所。從這裡開始，路面呈現上坡走勢。」一百二十年後，《木曾名所圖繪》的作者告訴讀者：

很久以前，這裡有過溫泉，因此被稱為贄川，也就是滾騰的河流。（作者註：漢字的「贄」其實意思是「禮物」或「貢品」，但是跟動詞「煮」同音。）……這是個財力頗雄厚的小鎮，到處可見民房。

一八三九年，在德川江戶宅邸中隸屬尾張旗下的武士岡田善九郎，被派去執行一項秘密任務，調查木曾谷的狀況以調整餉糧分配，從他的報告《木曾巡行記》中得知人口已經成長，無疑是拜中山道的交通繁忙所賜，他寫到：

這裡有大約二二七間商業或農業用建築物，人口為一〇一六人。在這崗哨鎮上，有大約五十九人同時經商與務農，因而有從事交易行為。為此之故，在歉收的那些年，只要省吃儉用，就不會像奈良井或藪原有許多人餓死，或遷居他處。關於官員和馬匹的交通往返，嵩哨鎮的官員各個優秀，做事一絲不苟，一路通行無阻。

如今的贄川是個小鎮，有幾間商店和住宅。一七八二年這繁華一時的嵩哨鎮部分被燒毀，後來又發生過幾次火災，最後把流經這個鎮的幾條公用溪水取汲殆盡。一九三〇年的大火毀滅整個贄川，經過重建大致成為今日的樣貌，過去重要的脇本陣如今是清酒店，曾經吸引疲憊旅人的一間間客棧，如今全都不再。

贄川的主要遊逛景點，是稱為「番所」的小檢查站，建在距嵩哨鎮沿上坡路幾步距離的台地上。一三三五年最初由木曾氏族成立，目的是監控所有通過木曾谷的一舉一動。一六〇〇年代中，木曾福井的地方官山村氏的家臣負責番所營運，監控路過的女性、槍械和柏樹的運送。設置番所，是防止駐守當地的官員偷溜，但建築物本身很小，只有三個房間和一間小辦公室。木板釘成的屋頂用大石塊固定以防穿山風，牆上陳列一排武器，走過這封閉的駐紮地，就知道檢查是玩真的。

到達關所，我已經從頭到腳成了落湯雞，於是坐在簷廊上休息，過去地方官的守衛曾走過這裡。我違反了《旅行用心集》中的一條重要規則：「在茶室休息時，不可穿鞋子坐下，一雙腳亂晃。哪怕只是一時半刻，你都要脫下鞋子，坐在長凳或門廊上，以合宜的體態休息。說也奇怪，這麼做能減輕您的疲憊。」算我運氣好，收票的女士注意到我坐在那裡休息，於是趨前跟我攀談，還親切端來一杯熱咖啡。我用咖啡溫暖身子時，她又給我幾顆黑糖薑糖，大部分被我收進外套口袋以備不時之需。我們坐著聊天，這位好心的太太說她是在地人，當過一陣子國小老師，喜歡照管關所這種安靜的工作，觀光客周末才來，以秋天居多，其他時間經常都是獨自一人，盡情讀書，遙望北方（我來的地方）美麗的山谷。

我們聊了一會兒這一帶的事，她對新石器時代住在這裡的繩文人特別感興趣，於是邀我去參觀小小的繩文博物館和當地其他歷史文物。但這時咖啡漸漸失去暖身的效果，我感到微微的寒意，於是我們便鞠躬道別。在那之後的幾天，我多次把手伸進口袋，拿一顆提振精神的薑糖來吃，對日本人民送給陌生人這麼棒的禮物感到讚嘆。

在鎮上繞一圈約莫只有兩百碼，之後木曾路往右邊繞行，經過泉水的遺址。過去這裡是這一帶住民的水源，今天只是蓋了鋅屋頂的大型水槽，但是對這個孤立村落的生活仍無比重要，我沿路尋找真言宗的佛寺，根據《木曾名所圖繪》，這座廟於八〇六年建造於此，後來被遺棄而任其荒廢，一六一六年重建。要不就是這間寺廟已經消失，或是我在雨中完全錯過，可惜久遠前的溫泉也不復存在。

在蜿蜒的路上，穿過茂密的柏樹、杜松和柳杉間，再次與國道高速公路相接之後分岔，與名叫長瀨的小村落交會。一七五五年，《木曾路巡覽記》的作者只簡單寫了「長瀨，一間屋子。屋主是醫生，擁有各種特效療法，其中一種藥治腰痛，很有效。」

今日的長瀨為住民的增加而自豪，這裡還有一間便利商店，和一間專賣漆器和木製品的紀念品店，不過最吸引我的卻是長瀨麵店，店內的桌子是以結實的柏樹為桌面，榑木被煙燻黑，室內中央有一座大型暖氣和煙囪，透過窗戶向外看，會看到小巧的石庭，點綴以幾棵小樹和有許多鯉魚的池塘。我結婚前幾個禮拜，跟蓋瑞．哈斯金（Gary Haskins）和羅伯森．亞當斯（Robertson Adams）兩位朋友在這裡用過餐，當時我們走木曾路，做為某種移動式的單身漢派對，老友蓋瑞是陶藝家也是藝術家，一路上他入神地站在木曾谷的巨木間，以致我們三不五時便看不到他的蹤影，繪圖設計師羅比之前住過東京，他也愛這番日本的光景，這是他之前沒能體驗到的。

吃完令人滿意又滿足的烏龍麵和炸蝦天婦羅後，我走到外頭，發現還在下小雨，我背上背包，把斗篷拉扯整齊後，再度沿國道高速公路走。不久後，木曾路轉進右側，過了一陣子，有個告示寫著即將進入平澤漆器館，裡面陳列製作漆器的方法和工具，以及歷來的作品。我和蓋瑞、羅比走木曾路時，在這漆器館裡花了相當多時間參觀，還品嘗了這裡沖泡的榛果咖啡，但是今天我直接略過。

平澤村離漆器館只有幾分鐘腳程，主幹道上一間間店家，這裡早在江戶時期就是漆器生產中心，氣溫低加上谷地深而不適合農耕，但卻被豐富的木材資源環繞，從足以作為傳家寶的鑲金崁銀的昂貴物品，乃至庶民日常使用的碗盤都有，可惜多半大到塞不進我那已經爆滿的背包，不過還是值得參觀並且在鎮上走一回，欣賞日本典型器皿的簡單與優雅。

漆器館的入口附近有座大型石碑，上面刻了知名俳句詩人芭蕉的一段詩句：

人為我送行，
我為人送行最後
木曾之秋

這是芭蕉在一六八八年經過木曾時所寫，木曾福島的地方官樹立了這座石碑，複製品放在木曾路南面入口的新茶屋。

右轉後道路逐漸變窄，最後來到一條與奈良井河平行的小徑，兩旁種了柳樹。我經過小寫字體書寫的U-Life Coffee Shop，即使從遠處看也生氣盎然，我過橋到河對岸，接著走過中央線鐵道和火車站，進入奈良井這座崗哨鎮。

路程時間：贊川宿至奈良井宿：七公里(四點二英里)，三小時

第4章

奈良井

（標高二八五〇英尺）

孤獨一人
走在
北齋畫中
夏日傍晚
在木曾路

吉井勇

十九世紀日本知名的浮世繪畫師北齋、英泉和廣重，認為木曾路充滿古意，二十一世紀的旅人走進奈良井，會有類似時光倒流的驚喜感，格子門的木造古建築，突出的細長露臺和屋簷，在那獨一無二的狹窄幹道兩旁排著大型木柵欄，旅館和民宿會把名字刻在年代久遠的木牌上，懸掛在進門處的上方。幾百年來，許多小吃店會招喚朝聖客等旅人進來消費，如今販售漆器等傳統器物的店穿插其間，這些東西對於在等待的家人來說，是再好不過的紀念品，有間店的入口上方有一顆用雪杉的葉子和樹枝做成的大球，宣傳當地的清酒「杉之森」在這裡釀造，沿街再往下走，純淨清新的水從兩根竹管湧出，流進公共的水池，池子邊有長柄竹杯供人飲用。幾乎每扇門上都有插著菊花的瓶子，根據官方資料，奈良井成立於一五〇〇年前後，在江戶時期被稱為「奈良井千軒」（一千戶住家的奈良井），雖說貝原益軒經過這裡時，只看到一百間屋子，但奈良井依然有種十九世紀繁榮好客的氣氛，大田南畝於一八〇三年春天經過奈良井，寫到：

> 向奈良井車站望去，有梅子樹、櫻桃、早開的櫻花樹和杏桃樹，樹枝交纏，讓你以為正值春天。客棧出售許多實用的物品，有碗、飯盒、清酒杯、圓形收納盒等，全都是這一帶的工藝品……這座崗哨鎮相當繁榮。

不過也有例外。不到四十年後，岡田善九郎造訪這座城鎮，留下這段話：

> 這座崗哨鎮和藪原同樣處在高緯度，因此稻田或菜園不多。這裡的氣候相當寒冷，農產品貧乏，由於農業乏善可陳，崗哨鎮和鄰近平澤的居民，只好用柏樹作成工藝品和漆器來維生。過去多年來，商品賺的錢使人口增加，這些手工藝品賣得不少錢。儘管如此，近來這些商品無論是江戶或大阪都不怎麼喜愛，生意門可羅雀，因此一八三七年的飢荒中，許多人要不餓死就是遷往他處，導致崗哨鎮的正式商業無以為繼。官方的援助無法阻擋人口外流，加上發生幾次災情慘重的火災，五間廟宇付之一炬，在經濟極度拮据的情況下，幾間主要寺廟的重建依舊遙遙無期。

又濕、又累、又餓，我一腳踏進北齋的奈良井圖片中，直奔松屋茶房，這間井然有序咖啡店所在的建築物，自從一百八十年前的火災後就存在至今，店主今井明憲（音譯）和兩隻玩具貴賓狗「鋼琴」和「蕭邦」出來歡迎我，今井先生的家族住在這裡超過三百年，他是第九代，友善親切，滿頭白髮和修剪整齊的山羊鬍，給人雍容大度的印象。

他一面製作咖啡，將太太做的蘋果塔加熱，一面告訴我，早年他的家族事業是製作髮飾用的梳子，不是現在常見梳頭用的杉樹梳子，而是裝飾女人頭髮的漆器梳子，男人買來送給情人和妻子當紀念品。進入松屋茶房就可以看到四代以前雕刻的木頭牌子，今井先生解釋，一九三〇年代初期，舊式髮型已經過時，似乎也沒有人對髮梳感到任何興趣，再加上中央線鐵道完工後，儘管這裡設有車站，但是愈來愈少人會到奈良井遊玩，因此一九七〇年代前這裡變得很孤寂。幾十年前，他決定在這裡開咖啡店，重建古老木曽茶屋，那種旅人會駐足休息、恢復體力的氣氛。

今井先生相當健談，且熟稔奈良井的歷史，他很快就讓我看幾件頗有年代的工藝品，其中他最喜歡（我也是）的是舊江戶時期的漢日字典，這是真正的寶物，他謹小慎微地看著我翻閱。

經過一小時以及又一杯美味的咖啡，我的精力已經恢復大半，於是離開松屋茶房，尋找即將過夜的客棧。

我按照今井先生的指示折返，不久後就看到津川屋的招牌，這是一間相對嶄新的客棧，開設才五十年。入口沒有人來應門，我拉開拉門，看見一條狹長走廊通往房子後面的另一棟建築物（也就是客棧的主體），我走進去，帶著遲疑的語氣喊道：「不好意思，我來了。」津川太太面帶微笑來迎接我。自我介紹和彼此寒暄後，津川太太帶我到三樓客房，兩個塌塌米大的房間乾淨整潔，通往走廊的玻璃門，一拉開就看得到美麗的秋色，以及霧靄在層層疊疊的山間移動。洗澡間和廁所在二樓。

住宿旅店時
首先要知道自己身在何處
接著找到廁所
學會如何把門關好
最後是火源。

《旅行用心集》

沒多久，日本茶和米果就被放在漆器盤裡端了過來，擺在房間正中央的矮桌上，之前我拎著被雨浸濕的靴子，現在把它們放在瓦斯暖爐前的舊報紙上（老闆娘提供的），我從櫃子拉出一個塞滿蕎麥殼的枕頭，躺下來休息。

過了一段時間，津川先生上樓來做自我介紹，他的好友今井先生打電話跟他提到我和我對木曾路的喜愛，原來內向但是健談的津川先生是木曾路通，有大量關於木曾路歷史地理的藏書，他很大方地表示我在客棧期間可以借閱所有書籍，我從擁擠的書架上挑了兩本書，一本是今井金吾著的《今昔中山道獨案內》，以及《信濃路的俳人們》，第二本寫的是曾到過這一帶旅行的俳句詩人，第一本書附了木曾路的指南，裡面有古地圖和現代地圖，還引述江戶時期的期刊和旅遊指南，另一本花了一整章講述山頭火，他是登峰造極的步行者，也是我最喜愛的日本詩人，我沉醉在這本書中，幾乎沒有注意到津川先生已經輕手輕腳地溜出房間，下樓開始準備晚餐。

晚餐在不覺之中到來，用餐在一樓的小飯廳，當天晚上除了我以外，還有一對東京來的年輕夫妻。我們三人安靜地用餐，一邊看電視新聞報導二十七和二十八號颱風以及地震的消息，颱風造成土石流和東部外海島嶼的房屋倒塌等巨災，地震的影響則是微乎其微，不過在場每個人都很擔心，因為這是發生在福島外海，距離這對新婚夫妻在東京的家並不太遠。

晚餐是烤岩魚（一種河魚，學名為遠東紅點鮭）、三盤不同的蔬菜和菇類、白飯、麵線、味噌湯、牛肉涮涮鍋以及日本茶，非常美味，但一如日本客棧常見的，份量大到吃不完，我吃到再也吃不下便先行離去，祝大家晚安。

又讀了一小時津川先生的書後，我到二樓躺在長方形的杉木浴缸裡，享受深度放鬆的日本式泡澡，以往沒有多少日本人有能力獲得這般享受，在木曾知名的五種樹木中，有四種為西洋杉和柏樹科，江戶時期和在那之前不久嚴格限制這些樹木出口，當時日本最有權力的男人豐臣秀吉，希望確保他在大阪的城池無人能及，就連本地人都禁止使用大量木材，非法搬運和利用有時會被砍手，甚至處死。一般的政策是：「一根樹枝、一顆腦袋」。

泡澡泡了許久，我回到房間，又讀了一會兒孔子，看到我喜歡的一句話：

朽木不可雕也，糞土之牆不可杇也。

腐朽的木頭無法雕刻
糞土砌的牆塗不平整

沒錯，我應該多讀這類書籍。想著想著，我便睡著了。

烏鴉若叫，將變天

日本古諺語

晴空萬里！早晨六點半，我拉開拉門，看見面前的山在清晨陽光下充滿紅、橘、金、紫和綠色。烏鴉在遠方某處鳴啼，我站在露臺時，感到小腿陣陣酸痛，根據津川先生的某本書，昨天我穩定攀升到標高三一〇四英尺的奈良井，總共爬升了五百英尺。我以不算差的狀況過完第一天。

但是，現在我跛腳走下一樓去吃早餐，有三條小魚、味噌茄子、各種蔬菜、炒蛋、馬鈴薯泥、番茄、味噌湯、白飯配海苔、水梨切片、蘋果汁和日本茶，像這樣的餐點，每一道都擺在各自的小碟子裡。聊天的話題來到山頭火，津川先生背誦了幾首俳句，這首據說是在奈良井寫的：

河水自流去
吾亦蹚開嫩葉
前往故里

勉強吃完豐盛的早餐後，我回到樓上再讀一點中山道的俳句書，山頭火喜愛木曾，在他遊歷日本各地的過程中，騰出時間到木曾路步行過三次，最後一次是在他五十八歲的一九三九年，也是過世的前一年。

我前往松屋茶房喝咖啡，這是一天開始非做不可的事。時間還早，但今井先生已經在沖咖啡，一面和幾位來喝咖啡的年長女性觀光客談笑，小狗蕭邦和鋼琴不見蹤影，但整間咖啡店已經鬧騰騰坐滿了人。

奈良井多半是一整排商店、客棧和民宿，幾乎每棟屋子都有深色的木格子，狹窄的露臺和垂掛拉門的屋頂，感覺是個非常古老的城鎮，其實這裡只有一條街，城鎮西側的商店背後有五間大佛寺，撇開岡田善九郎充滿悲觀色彩的記事，這些佛寺都經過重建而香火繁盛，西邊再過去一點的大寶寺（五間大佛寺之二）後面是一個高台，地上留有城郭和護城河的遺址，也是奈良井城的遺址，一五〇〇年代中期由奈良井義高統治，這座城的確實建造日期不詳，但從考古遺跡看得出是東西長約兩百英尺、南北超過三百英尺的堡壘，目前僅剩一些石塊和乾涸的護城河。

藍綠色的奈良井河沿奈良井的東邊流，河面密布大小不一的石塊和卵石，一條長約一百英尺、寬十八英尺的古式單拱橋橫跨河兩岸，雖然橫樑和支架使用三百年的西洋杉，但其實這座橋是在一九九一年，靠著中央政府的都市、城鎮和鄉村更新補助款建成。這裡曾經有另一座橋，在一七五五年的《木曾路巡覽記》中被記錄為「奈良井大橋」，但這座橋無疑是在多次洪水中被沖走。那天早晨，我在前往大寶寺的路上走過這座橋時，太陽照在西洋杉板上，煞是耀眼，幾名行人小心翼翼以免在露濕的橋面上滑倒，蜻蜓依然在空中飛舞。

我進入大寶寺的區域，這座禪寺的大殿建於一六五八年，據說禪寺本身年代更久遠。這座巨大低矮的寺廟，是以灰泥和深色木頭鑲邊建造而成，進入後首先看到地藏菩薩石像，左手抱小孩，右手拄根杖。兩個較大的孩子倚在地藏菩薩的袈裟旁，地藏則站在蓮花的花瓣上。地藏是夭折的孩子或死胎的守護神，根據傳統，這樣的孩子必須在河岸的沙地——又叫賽之河岸——用小石子堆石塔，來替自己和父母積功德，但是每天晚上會有老惡魔將石塔推倒，最後地藏聞聲救苦，帶領孩子走向解脫。雖然地藏與禪宗「空」的概念不太吻合，但日本各地的許多禪寺都見得到地藏菩薩像，包括木曾路上的在內。

大殿背面鄰接的山邊有一座花園，建造於一七二五年，有用石頭排列布置，其間並穿插樹木。花園較低的部分是一座池塘，中央有個小島，據說這樣的設計是根據一本日本早期的園藝書《作庭記》，這本書規定池子的遠端要有石塊作為保護，前面要擺一塊高大細長的三角形石頭，讓人想起慈悲的菩薩觀音像的輪廓，池子中央的島是以大塊石頭堆砌而成，排成一隻有頭、腳和尾的烏龜形狀，也暗示中國人對於心／識的象徵。

我造訪的時候，名噪一時的花園狀似狼狽。我站在寺廟的露台試著想像往昔的風貌，就這麼跟田中夫妻聊了起來，他們顯然也在作同樣的事。最後，住持的太太加入我們，她解釋上回請來「修剪」園子的師傅是業餘的，把當地視為珍寶的樹木剪得慘不忍睹，她難過地說，重建恐怕要花好幾年，花費將超過寺廟所能負擔，但他們已經一點一滴開始著手了。

住持的太太說到這事顯得悶悶不樂，我和田中夫妻無言以對。我們一行人進入寺廟大殿，她帶我們看一塊巨型的木牌匾，是按照知名劍客、政治家也是藝術家的山岡鐵舟，於一八八九年造訪寺廟時的書法字篆刻而成，身高超過六尺的鐵舟是禪學大師，也是天賦絕頂的劍客、風流之人（妻子用屠刀威脅他不准到處留情，總算奏效），同時是明治天皇的朋友、軍師以及酒友。這幅懸掛在釋迦摩尼佛像附近高台上的書法作品，似乎反映他旺盛的生命力。

不一會兒，田中夫妻和我向住持的太太告別，我們走到寺廟的一側，那裡有一具三英尺高、沒有頭的瑪麗亞地藏石像，一九三二年被發現埋在灌木叢中。全日本都有瑪麗亞地藏和瑪麗亞觀音，有幾尊在木曾谷，外表看似佛教的菩薩，其實是耶穌母親瑪莉祈禱的樣子，一五〇〇年代末，中央政府禁止信仰基督教，「隱藏的基督徒」就敬拜瑪麗亞地藏和瑪麗亞觀音。大寶寺的石像是一位抱孩子的女性，孩子手裡抓著一枝象徵佛教的蓮花，但是蓮花裡有一個小小的十字架，暗示雕刻師真正的意圖。這座石像的頭部佚失，或許反映許久以前將石像丟到草堆中的人們反基督教的情緒，又或許是被誤認為佛教膜拜的神祇。在擁護國家神道、公開譴責佛教的明治時期，許多佛像也遭到類似的刻意破壞，無論有沒有頭，這是一尊了不起的石像，從擺在賽錢箱裡的錢幣數看來，顯然同時受到基督徒和佛教徒的尊敬禮拜。

又聊了一會兒，我向田中夫妻道別，走回奈良井北端的專念寺，這一帶的杉樹和柏樹更茂密，為古木曾路通過樹林的路段，在一座小峽谷上有個地方名叫「二百地藏」，有歷經風霜、覆滿苔癬的小地藏、觀音等石像，專念寺本身屬於佛教的真宗，以「發出鳴聲的石頭」聞名，這是在寺廟入口的路邊，一顆四英尺高的石頭，傳說多年前這顆石頭一到晚上就會發出嗚嗚聲，令住在寺廟附近的人們不安，有人便在石頭上釘了一根釘子，但卻不見成效。在無計可施的情況下，將清酒遍撒在石頭上，從此再也聽不到嗚聲。

我仔細檢查這顆石頭上的釘子（照理應該還在），一位神情愉悅身穿喪服、頭戴圓頂帽的老先生走向我，提供了石頭發出聲音的其他種說法。

1. 這顆石頭即將被移往他處，而它並不想走。
2. 有位住持踢了它一腳，傷了它的心。

3. 嗚嗚叫的不是石頭，而是貉。這是日本民間故事中，鬼點子特多，會變換模樣的貉躲在石頭後面，等著有人想到撒清酒的點子。

後來有三、四位朋友攜同妻子來找這位老先生，我猜他們都是來參觀的，我注意到其中一位留著鬍子、面帶微笑的男士，手裡拿一個裝了清酒的大盒子，他看看石頭再看看我，咧開嘴對我笑，握清酒瓶的手似乎微微使了更多力。接著，大家不知怎地都笑了。

有奇怪的事發生時，例如突然迷路、天色突然變暗，面前出現一條以前不在這裡的河流，或者一扇以前這裡沒有的緊閉大門堵住去路時，不要慌張，小心這是狐狸或貉的惡作劇。點根菸休息一下……狐狸或貉的伎倆就無法得逞。

《旅行用心集》

回到旅館的途中，我留意到路邊有一面之前沒看到的告示板，用粉筆以英文和日本分別寫了一段話。

道はその日その日の生活の中にある

The Way is nowhere else but in our daily lives.

道在生活中。

根據《行脚掟》的第一篇文章，也是芭蕉著的《朝聖規則》

不可在同一間客棧睡兩次，要注意還沒有被暖過的被窩。

我並不怎麼急著離開這溫暖、友善甚至有學院風的津川屋，然而為了效法偉大詩人和旅行家芭蕉，我將啟程前往下一個住宿點伊勢屋，在奈良井中部的步行不遠處。

伊勢屋成立於一八一八年，曾經供給脇本陣的代理人居住，本館為傳統建築，有挑高天花板和被煙燻黑的樽木，舊招牌仍高掛在入口處，上面寫著「御休泊」，也就是休息的地方。我要入住的新館是現代建的，但仍保留塌塌米、被窩以及透明拉窗等傳統元素，客房正中央照慣例有一張矮桌，上面已經擺了茶和米果，沒多久我就安頓妥當。現代和傳統的公用浴室在大廳盡頭。

大約下午四點半，老闆建議我去洗澡，因為當天有好幾位客人，晚一點可能沒有足夠時間洗。浴池本身是舊的木頭浴桶，熱水不斷從大水龍頭流出來。我把身體洗乾淨後鑽進浴池，在不造成其他住客不便的情況下盡情泡澡，我還記得八隅蘆庵的忠告：

在客棧裡洗澡，如果有其他客人在場，務必遵守客棧主人的指示。客棧人多的時候，可能會搞亂了使用浴缸的正確順序，很容易招致爭端。這時要仔細注意其他客人，如果有人看起來身分地位較高，讓他先洗。無論如何，弄錯使用浴池的順序可能導致爭吵。任何情況下，旅行時對所有事情採取保守態度，往往能夠平安順利。

《旅行用心集》

幾小時後宣布晚餐就緒，全體住客到一樓飯廳，紙拉門、門上方的木雕

（欄間）、格子牆和木頭橫樑反映這裡的年紀。幾張低矮的長桌旁鋪了薄坐墊，每個人有一只大漆器盤，以小碟子排滿當地美食。我要了一小份清酒，裝在雅緻的未上釉陶土清酒瓶中，連同杯子一起端來。住客約十五人，我和兩位日裔的巴西女士坐在餐桌邊，其中一位會說日文，她們從聖保羅來度假。她們說，大老遠來這裡尋根，在奈良井找到她們要的，特別是在伊勢屋。會說日文的那位女士不知如何表達那是什麼，但我很能理解她的感受，日本客棧的氛圍似乎體現了整個國家的氣氛，如果有人只有時間在日本待一晚，我建議住在最傳統的旅館，而且不計價錢。

現在，熱水澡、豐盛晚餐和清酒的效果在我身上發作，我喝完酒杯裡的最後一滴酒便先行離去，直奔客房和被褥。明天的行程會很累人，要先做好準備，睡著前的思緒來到專念寺，寺廟遠處的黑森林中，有很多帶著圓頂帽、面帶微笑的貉，我歡喜地迎接睡意到來。

第5章

鳥居峠

（標高三六〇〇英尺）

走在深山，穿過田間道路，身邊有旅人相伴時，熊和狼聽見人聲會躲起來……然而，單獨一人不會說話，這時路邊沉睡的野獸在意外遇到人類時會受到驚嚇而將他吃掉，這類事件不會發生在大白天，但會發生在夜間的路上。因此，走在深山或穿過人煙罕至的平原時，你應該用事先準備的竹棍，一面敲打地面發出聲響一面前進，走山路時要在鞋底塗抹牛糞，這樣野獸、蛇、蝮蛇和有毒的昆蟲就不敢靠近你。

《旅行用心集》

伊勢屋的早餐相較前一晚的大餐意外簡單，幾盤醃漬白蘿蔔、味噌湯、一般的什錦山菜以及無限續杯的咖啡。餐點是在舊館入口處的小空間，客人坐在沒有上漆的木板凳和桌子前，在我對面的是一對姓片山的老夫妻，他們來自常滑（譯註：位於愛知縣，生產的陶器與瀨戶、信樂、越前、丹波、備前並列為六大古窯之一），一個以拋光橘紅色陶器知名的城市，幾十年前我的尺八（譯註：來自唐朝的木管樂器）老師平野良一（音譯）就是常滑出身，平野家族在日本傳統音樂圈相當知名，不僅是平野先生，就連他的妻子和母親，都是十三線琴的大師，片山夫妻和平野相交多年因此認識甚深，他們難過地說，老師幾年前英年早逝，我們又聊了一陣子平野家以及常滑的陶器，合照了幾張相，便鞠躬道別。

跟平野家習琴和尺八，引領我進入日本的音樂傳統，他們對我這名老外努力想精熟這兩種美妙樂器的基本技法付出極大耐性，總是帶著包容與善意的微笑指正我，老師過世令人難過，但聽見他的名字，令我回想起在那充滿樂器和友善的家中的時光、常備的點心「橘子」，以及一杯又一杯的綠茶。

向客棧主人道了謝，我背好背包，往南徒步穿過奈良井，經過上問屋史料館，裡面展示各種歷史文件和崗哨鎮時期的民藝品，這座博物館建於一八四〇年，有著濃厚的古意，走遠一點是長善寺，這座大型禪寺建於一三六二至一三六八年間，重建於一五九二年，寺廟本身也兼作民宿，適合不在意舒適度較低，但比較安靜、較有苦行氣氛的旅人住宿，在通往常善寺的小路上，一位揹著背包，因為年邁而身體前彎到幾乎只剩一半身高的女士向我說道：「加油啊！外國人先生！」

奈良井的最邊緣處有一間大神社「鎮神社」，被高聳茂密的杉木環繞。相較禪寺的樹木往往修剪整齊且有陽光照射，神道的神社則多半位於濃密的樹蔭與巨石下，散發神祕未知的氣氛，告訴你正在進入神的世界。鎮神社的故事如下：

大約九百年前的近衛天皇（一一四一—一一五五）時期，有一位非常善良的人名叫中原權頭兼，受到村民們景仰，中原過世後，人民感念他的德行，於是在鳥居峠的頂端建造一座神社來紀念他，近四二〇年來將他奉為神祇崇拜。一五八三年二月，木曾氏和高田氏在鳥居峠爆發戰爭，神社付之一炬，在那之後不久，奈良井義高將權頭兼奉祀在鳥居峠的山腳，也就是鎮神社的由來。

但是，還有一個傳統，《木曾路名所圖繪》寫到，「一六一五至一六二四年間，奈良井爆發瘟疫，於是吉田氏要求建造神社，來供奉經津主神，並且於第六個月的第二十三天舉行祭神大典。」現代的祭神大典在八月二十二日舉行（譯註：經查奈良井宿觀光協會網站，祭神大典於八月十一、十二日舉行），其中包括舞獅和遊行。街道用沙子淨化，人們坐在街邊向隊伍致意。

現在來到鳥居峠準備攀登，在山腳附近，有個告示提醒大家：

見到垃圾，山會落淚
（ごみを見て山が泣く）

或許是健行者會留心，要不就是根本不需要提醒，因為這條登山步道完全看不到任何紙張、塑膠或廢棄物。

才爬了五分鐘，我就氣喘吁吁。但今日晴空萬里，溫度約華氏六十五度，到處都有一段段鋪設於一六〇〇年代初期的「石疊」，方便人腳和馬蹄行走，沿路有上百顆栗子散在落葉間，多半會被熊和野豬撿走，栗子的落果很美，但是當我伸手撿拾以就近欣賞，卻被果實的刺扎到，野生動物顯然比我有常識，會等到栗子外殼爆開才試圖去吃。有兩三處動物的糞便，我告訴自己，這些糞便的量太少，不可能是熊的，今井先生早先告知我，林子裡也有野豬、猴子和鹿，所以這些糞便可能是住在這裡的傢伙們的。

再爬上去大約一百多碼，有一棵巨松叫做「山嶺之松」，根據《木曾路巡覽記》，有一首歌是關於這段山坡，歌名叫做〈矢立坂〉，坂是坡道的意思，「矢立」照字面是指箭桶，暗示坡度有多麼陡。

松になりたや峠の松に上がり下がりの客を待つ
來到松樹
在這山隘之松
等待旅人
上山、下山[1]

許久以前，鳥居峠又被稱為藪原峠或奈良井峠，視旅人的目的地而異。

前往奈良井的人稱之為藪原峠，前往藪原的人則稱這裡是奈良井峠。有好幾個傳統，跟現在的名稱鳥居峠有關，但最多人接受的，則源自戰國時期（一四八二—一五八八）的一場戰爭，當時木曾義元即將與小笠原氏族征戰，他爬上山巔，向遠方若隱若現的御嶽山致敬，祈禱戰爭勝利，後來果真如願，便開心地在山巔建造一座鳥居門。從此以後，就被稱為鳥居峠。

登上山隘大約半途，有個中之茶屋的舊址，現在只是一間很像巴士站的小型木造物，有一張長凳供人休息。根據茶屋側面的告示，這間茶屋的由來，是因為一五八三年二月，高田軍隊的兩千名士兵進犯，卻被木曾義昌率領勢單力薄的軍隊擊潰，雙方經過一連串鬥智，高田軍被困在山隘的大雪中動彈不得，而遭到木曾武士的上下夾攻，當天高田軍損失五百名，大部分都被埋在附近的沼澤區，我讀著告示，對上面寫著高田損失五百「名」，而不是直接寫五百「人」，感到印象深刻。或許這只是一般的用法，但我想像選擇「名」這個字，多少給了這些陣亡的軍人們一些個體性和身分。我實在難以想像，怎麼有人能

1　此處是玩同音字的遊戲，松樹和等待的發音都是matsu。

在如此險峻狹窄的地形打仗，而且是一整支軍隊。

我在外套口袋找到幾顆黑糖薑糖，在心中默默感謝贄川那位好心女士，吃完這些糖後，我神清氣爽繼續行程。

上午過了一半，我已經來到山巔，走上峰之茶屋，又稱為峠之茶屋。這是一間乾淨的小木屋，有寬的架高木長凳，空間足夠讓約莫二十人在裡面睡覺，茶屋外的一側有個小巧的露臺，可以瞭望山谷和北方群山，茶屋背面有三間很乾淨的日式廁所，既是對山也是對經常停駐在這裡的人的尊敬，小木屋旁邊有一具大石槽，水從長方形木管汩汩流出，八隅蘆庵在《旅行用心集》中，警告人們連乾淨的流水都不要喝，哪怕是在山裡，並且建議所喝的水都要混入一種中藥[2]，他也提到要隨身攜帶辣椒，來對抗山裡不好的空氣和濕氣。他說，

任何人去到日本不為人知的地方，過了幾天會因為水的改變，而使腸子的狀況不佳。你可能會覺得胃有些沉重、便祕、發疹子，或其他非慢性病。雖說「國內其他地方」，當然都是在相同的天

空下，呼吸著同樣的空氣，應該不必這麼擔心水的改變才對，但並不是如此。日本各地方的自然特徵，以及泉水、氣溫、天氣、人民特質甚至當地的神明，差異多到數不清。

舉例來說，如果你捕來山澗溪流中的魚，然後放進平地的池子裡，不久這些魚會失去方向感而不知所措。同樣道理，讓一個人在國內不熟悉的地方生活兩、三個月就會生病。對於這點不可不謹慎。

這裡的水看似清澈透明，加上爬山使我渴得迫不及待想喝幾口。我用石盆上的陶碗喝了三口沁心涼的水後，在小木屋的旅客留言簿上簽了名，重新背上背包，繼續前進。

管中水滿溢

2 五苓散：一種傳統的漢方，包含五種成分，用來治療發燒、口乾舌燥和泌尿問題。即使今日還被用來治療水腫、腎炎和宿醉。

人人皆可
飲一口

山頭火

從茶屋走約二、三十碼後，木曾路開始偏左，不久進入高大的栗子樹林，我一進入就看見路旁掛著用來嚇跑熊的熊鈴，我搖了兩次，希望別讓那些大型的毛朋友們，以為是晚餐開飯的鈴聲。每隔五十碼，就有熊鈴掛在小型的木檯子上，徒步旅者最好不要以等閒視之，一條狹窄的岔路向左蜿蜒，有座石碑記錄明治天皇於一九〇三年六月曾經在此歇息，當時肯定採取嚴防措施，確保如此重量級人物的安全，天皇與動物的最近距離，極有可能是他經過這裡時，在三間茶屋中的一間曾經坐過的毛皮。但這些茶屋除了幾個無人照管的墓碑，紀念曾經維護過茶屋的人以外，其他什麼都沒留下，這裡還有幾座石亭，其中最古老的溯自一七一一年，大田南畝在一八〇三年經過這裡時，寫到「在有三間茶屋的休息站，有在兜售毛皮和熊膽。」

山隘最頂端的海拔約三千六百英尺，也是木曾河和奈良井河的分水嶺，兩條河分別流入太平洋和日本海。以西可以看到御嶽山，以南是駒岳，此時右邊有一棵巨大的栗子樹，又叫做「分娩栗子樹」，直徑約九英尺，這棵樹顯然已經老朽，樹幹的主要部分有一個洞，大到容得下一個人，據說很久以前有個乞丐婆子在這裡生下一個孩子，結果一個膝下無子的男人，在這棵樹裡發現了這個孩子，便將孩子帶回藪原的家，後來人們發現，女人只要取這棵樹的果實煮水來喝，就能立即懷孕，據說女性直到二十世紀都還遵照這個做法，不僅為了懷孕，也為了安產。我曾想過要撿一些栗子帶回家給朋友，但想像海關人員聽到我身懷栗子時臉上的表情，就決定作罷。

又走了約莫五十碼，我來到一間小神社，一八七六年在「可以從遠處膜拜御嶽山的地方」興建。通往神社的台階，是由一尊不動明王的石像守護，那憤怒的表情，使進入這個神聖之地的人們肅然起敬。當《木曾路之記》的作者（譯註：貝原益軒著）於一七〇九年登上這條路時，寫下這段話：

> 鳥居峠比碓氷峠更險峻，是個不適合騎馬的危險地方，很久以前有一座鳥居門（在山巔）獻給御嶽，鳥居峠也因此得名，如今鳥居門

已經不再。

一八四五年鳥居重建，一八六五年再度重建。

當天通往神社的階梯被用繩索隔開，可能是大雨和侵蝕導致有些石頭不穩固，繩索上有個告示牌，寫著「危險勿入」。四周無人，我忍不住想跨過繩索，但後來決定還是尊重階梯入口的神明。在我身後不動明王的怒容，表明這樣才是對的。花了好多力氣就為了來到這裡，況且又是個萬里無雲的好天氣，從神社遠眺御嶽再好不過，我希望這不會是個壞兆頭。

於是現在我走下坡路，大約在五十碼處，發現有一條新的臨時步道通往神社後方，可以供人觀景並且崇拜御嶽，這條步道相當陡，但我滿懷希望，結果在山頂看到御嶽的美景，遠方是淡藍色且尚未積雪，又在神社周圍繞了一圈。這裡有許多不動明王、摩利支天等神祇魁武駭人的古老神像，加上許久以前和御嶽山有關的僧人全都聚集在這一帶，更增添山岳信仰的濃厚氣氛，也多了一些人們不太知道的神祇。山隘頂端冷颼颼，有種不舒適的寒意，我走到空蕩的神社前方，擊掌兩次表達敬意，從賽錢箱的小窗子放入二十圓，便回頭往山下走。

在這條臨時步道的起點，有一處狹窄平坦的區域稱為圓山公園，裡面有兩條長木凳，供步行的旅人稍事休息，這裡還有兩座石碑，各自刻了芭蕉的俳句。

木曾之栗
浮世中人的
紀念品

翱翔於
雲雀之上的
是寧靜的山頂

這附近有一條涓細的泉水，依舊流出純淨的水被稱為義仲硯水，也就是「給義仲硯台用的水」。傳說木曾義仲反叛平家，在出兵前往京都欲將平家征服時，曾取用這裡的泉水寫下願望，向御嶽山祈求勝利。於公園一隅鳥瞰木曾河和崗哨鎮藪原，我想像我所在的位置，在江戶時期必定人滿為患，大名的隨從和成群結隊的庶民百姓，等待前面的人們攀上這條狹窄陡峭的步道，前往奈良井。

下坡的半途中又有一個熊鈴，這次我又使勁搖響它。這座山隘似乎有很多熊和不動明王像，讓我想起詩人蓋瑞．史奈德（Gary Snyder）在《冒煙的熊經》（Smokey the Bear Sutra）中，熊和轉世佛代表對荒野和不受紛擾的心智的保護。為了安全起見，我每回搖響熊鈴，便背誦不動明王咒語（譯註：經對照英文與中文音譯，此為不動明王慈救咒）。

曩莫三曼多縛日羅赧

戰拏摩訶路灑拏　薩頗吒也

吽　怛羅迦　悍漫

念誦這個咒語，是要去除我們心中可怕的熊，而不是在野外可能遇到的態，但是對現在的處境來說，似乎是恰當的。

從熊鈴的地方繼續走了一會兒再度遇上石疊路，沿著石疊有一座低矮的石牆，年代久遠的石塊上覆滿苔蘚。我正緩步進入藪原的鄰近地帶，然而路況絲毫不見任何平緩跡象，一九三七年，《木曾交通史》的作者寫到：

當你走在鳥居峠的下坡路段，雖然路面陡到不能把研缽固定放在地上，但在陡峭的道路兩旁卻早就有一排排民房。屋子正面的拉門上，張貼白飯或栗子飯的廣告，還有用粗筆字寫的招牌，宣傳這一帶有名的梳子。鳥居峠位在這個地方的背面，俯瞰就是木曾河。藪原在左邊，遠處的小木曾溪谷在右邊，這是孤獨矗立在斷崖上，知名的御鷹匠役所。

可惜已經看不到白飯和栗子飯的廣告，在這過去被村民稱為御鷹匠役所的重地，如今只是一小塊碎石地，其中一個角落如今被某人的汽車占據位子，然而秋天的山景和木曾河美麗依舊，很適合站在這裡喘口氣。

江戶時期，御鷹匠役所是負責飼養和照顧老鷹的公務員所居住的地方，老鷹每年一度會來到木曾孵化幼鳥，這個公務員的官職稱為鷹匠，他會檢視百姓幫他找到的鷹巢和幼鳥，每取得並飼育三、四隻幼鳥，就能獲得高額獎賞。雖然老鷹受到許多封建領主的喜愛，但木曾受到尾張藩的高壓控制，後者肯定壟斷獲利豐厚的買家市場，至少到一八七二年。

在御鷹匠役所的遺址短暫休息後，我步下險降坡的最後一段，曾經令我膽寒的鳥居峠漸去漸遠，最終來到崗哨鎮藪原的主幹道。

路程時間：奈良井宿至藪原宿：五公里（三英里），三小時十五分

第6章 藪原

（標高二七七五英尺）

當你進入藪原這個崗哨鎮，會感受到這裡富庶繁榮的氣氛。有好多東西可供販賣，像是髮梳「六櫛」和紫杉做的牙籤，每處鄉間都看得到這些產品。今晚我在一間米店寄宿，老闆是個殷實誠懇的人，跟我說了幾個故事，我問他關於「六櫛」的事，他說以前有個名叫六櫛的女人，用一種赤楊樹的木材製作梳子。[1]

大田南畝，一八〇二年

藪原的許多商店都在販售的「六櫛」梳，有個這樣的故事：

元祿時期（一六八八—一七〇五），有個名叫六櫛的女子，在妻籠的一家客棧工作，六櫛受頭痛之苦，一天晚上，御嶽山的神明託夢給她，說只要在頭上配戴一把赤楊樹做的梳子，頭痛就會不藥而癒。她對製作梳子極度有天分，經過多方努力，發明了今天使用的細齒梳，賣給前來客棧投宿的旅人，獲得高度稱讚和好名聲。由於妻籠為木曾路上的崗哨鎮，買梳子的人愈來愈多，當地居民也紛紛仿效她做起梳子來。產量逐漸增加之際，製作梳子的木材變得稀有，以致要到木曾谷上游河段的鳥居峠附近，才採得到木材。藪原居民眼睜睜看著大量木材被載運到妻籠，但無論他們多努力，始終做不出一樣好的梳子來。最後，有一個賣梳子的人冒充成普化宗的禪僧出外化緣，他戴著頭巾，吹奏尺八來到妻籠，取得製作梳子的技術，回到藪原。為了利益當地居民，他將秘密傾囊相授，生產的細齒梳也就遍布藪原各地，最後從妻籠手中將市場奪過來。

1　日文是みねばり

我往南穿越城鎮，經過幾年前住宿過一晚的米店，店門口的老舊告示牌，寫著這家店在江戶時期的老闆叫做米屋左衛門，說不定就是大田南畝提到的那家米店。然而客棧已經關閉，那位曾經熱情款待我，提供美味餐食和精彩故事的老闆，已經在二〇一二年過世，這棟建築物年代久遠但仍維持原樣，不過他的兒子早先在電話裡告訴我，家族沒有人想接下守護老客棧的工作。

雖然還不到中午，但攀越鳥居峠已經使我飢腸轆轆，於是我找到清水屋食堂，這是一家小店，有五張巨大的杉木板桌子，我和內人艾蜜莉十五年前經過這裡時曾用過餐。儘管時間還早，老夫妻親切地讓我進去，以快樂的笑容歡迎我的到來，我點了鰻魚飯和無酒精啤酒，坐在以水平切割保持樹木原樣的桌子旁。

餐點來了，看得出來鰻魚非常新鮮，讓我想起佛陀禁止人們「吃為你被殺死的動物」。我有點難過，但又迫不及待吃光碗裡所有的東西，喝光「啤酒」，希望我能成為更好的人。付帳時，清水先生給我一份紀念品，那是一片有八十圈年輪的杉木杯墊，印有他製作的版畫，上面有兩匹馬、日期和一首詩。他說，這是他自己做的，然後看著我的背包說，希望這不會為我造成額外的負擔。

回到大街上，我繼續往南走，尋找今晚住宿的勇屋旅館，藪原看似跟日本大多數的小山村沒兩樣，但仍保留幾棟老房子，有突出的露臺和格子拉門的門廊，幾乎每個街角都有乾淨的水從木製水龍頭流進木製的大水盆，並且附上長柄杓供人隨意飲用。詩人山頭火愛水如愛清酒，他在不斷旅行的過程中，至少三度通過藪原，下面的詩可能是他在這裡寫的：

品嘗水的滋味
我的心
在水上漂浮

這一天，梳子店全都因為奈良井的祭典活動休業一天，但我經過一家幾年前令我印象深刻的宮川家史料館，我曾經和年輕老闆聊過天，當時他給我看幾張由詩人蕪村和芭蕉手寫的卡片，芭蕉曾經在一六八五和一六八八年來到木曾路旅行，兩次都在藪原停留，山岡鐵舟在明治時期初也經過這裡，留下一幅他獨特的書法作品，這家店在江戶和明治時期是客棧，貧窮的知名詩人投宿時，會將詩寫在長方形的硬紙板「短冊」上抵住宿費，我問老闆是家族第幾代，他說：「這個嘛，藪原這裡的人還是認為我們是新住民，因為我們最初是大約三百年前攀越幾座山谷而來，我只是經營這家店的第九代。」

其實宮川先生家族是武士的後裔，在南北朝時期（一三三六－一三九二）侍奉他們的主子，但過去一七〇多年來一直是醫師，也因為身分的緣故，而被允許帶刀劍。

藪原和其他木曾的城鎮一樣，也曾經有過風光和落寞的歲月，一八三九年岡田善九郎在巡視的旅途中，曾經記下這麼令人同情的一段話：

這個崗哨鎮位在木曾河發源的山谷海拔最高處，因此冬季和春季極度冷冽，唯一的農業活動是種菜，菜園間以低矮的石牆隔開。以這種方式維生是辛苦的，因此自古以來人們以柏樹製作木梳子和精工的器皿維生，幾年前這些商品可以賣得好價錢，加上穀物便宜，從事這些行業能過上好的生活，人口也隨之增加。因此，崗哨鎮的交易熱絡，各地方的人們紛紛做起類似生意來，不多久，這些物品的價格下跌，利潤變薄，穀物價格上揚。加上一八三七年糧食歉收，所賺的錢不足以維持溫飽，人民漸漸步入絕境，不得不變賣身上的衣服、家中用品、營生的工具，甚至稻田和蔬菜園，結果許多人餓死或離開家園，房屋的數目減少，崗哨鎮舉債度日。

不過，崗哨鎮恢復生機，加上在那之後的十九世紀，人們紛紛往來於中山道上，再度帶動他們對住宿和紀念品的需求。

我繼續走，最後在鎮的南端附近找到今晚住宿的客棧，不過女將出去了，沒人來應門。

我循原路走回火車站寄放背包，然後沿著主幹道往回走，爬上城鎮背面的小山丘，來到興建於一五七一年的禪寺——極樂寺。進入巨大的前門，旅者會被這座木造寺廟的宏偉而震懾，正面是以碎石鋪設的院子，到處樹立觀音、地藏等菩薩的神像，可惜這間廟也因為奈良井的祭典而關閉，於是我坐在矮石牆上休息。

這座廟的背面有個小巧的花園，是依照日本知名藝術家、詩人、茶人和園藝家小崛遠州（一五七九—一六四七）的風格建造而成，十多年前我走在這裡的時候，得知這座園子有兩位園藝師，一位負責照顧整座花園，另一位專精松樹，花園正中央有一塊垂直擺放的大石，其餘的石頭、灌木和樹木以不對稱方式圍繞這塊大石，花園裡還有一塊大型的船形石叫做寶船，也是載運七福神的船，一株松樹被修剪成站立的鶴，從石頭中心生出來。這座寺廟也陳列雪舟以及白隱、沢庵兩位禪師的畫作，大廳左側有個六櫥的神龕，每年九月四日會舉行梳子的紀念儀式。

當天晴空萬里，我的肚子很飽，於是決定散步回到藪原神社走一走，這座木造神社就在極樂寺的隔壁。除了濃密的柏樹和杉樹林外，神社到處可見不知名的落花，種類之多使這裡既是個植物園，也是聖地，雖然大廳在一八二七年才建造，神社本身卻是在六八〇年興建，作為熊野本宮大社的分靈神社，而熊野本宮大社則是從西元前八十一年現存至今。

為了讓下榻旅店的女將有更多時間處理雜務，我走下山坡，往北前往荻野屋（音譯），老闆神村先生和一位年輕的女服務生歡迎我，這是間蕎麥麵店，有種江戶時期的氣氛，天花板大約有兩層樓高，中央的爐床有一根榑木豎起，多年的煙將木頭燻黑，在這個長約十英尺、寬四英尺且覆滿煙灰的爐床四周，有個木頭平台被當作桌子使用，桌面光滑且因為多年使用而變黑，一只大鐵壺吊掛在爐台上方，因為底下燒熱的煤炭冒出蒸氣，開在高處的窗戶引進透亮的光，投射在兩座掛壁式的神龕上，一座供奉御嶽山，一座供奉神村先生的祖先。我點了一壺冷清酒，裝在一只未上釉的細長型「急須」裡，連同相同款式的杯子，放在木托盤裡端過來，我一方面為自己這麼早的放縱感到罪惡，同時也被《旅行用心集》中的詩句鼓勵：

關於旅途中喝酒，別喝太多。但不時小酌是良藥。

肯定曾經在此試飲過酒的貝原益軒，在他關於健康的著作《養生訓》中寫到：「清酒是天堂的甘露，小酌可提振陽氣，平息年輕的精力，加速呼吸，趕走憂鬱，刺激對世界的興趣，對人有極大的好處。」在我身邊正在燒柴的爐子提供了額外的熱能。

我漸漸習慣這款「特別純米」清酒的口味，這也是我所嘗過數一數二的好酒，神村先生和女服務生招呼完剛才進來的五人其中四人，過來跟我聊天。他年約五十，熱情開朗，他解釋雖然他家族最初來自下一個崗哨鎮宮之越，但他們已經在這裡大約六百八十年，他又說，這裡以前是便利商店，若用日本話說是雜貨店，賣各種商品給路過的人們，一百三十年前的大火毀了一切，但後來恢復了主建築物和倉庫，他說多年前這裡是一間大商店，許多封建領主在前往江戶和回來的途中都會經過，也因此眾多員工忙得不可開交，藪原在當時是木曾最大的城鎮，換言之是沿路門面最闊綽的，也因此被課以重稅。

不久，其他客人加入聊天，我們得知詩人山頭火和特異獨行的陶藝家同時也是廚師魯山人，過去都曾經路過這間店，聊了一個小時，我跟其他客人紛紛告辭，神村先生和女服務生向我們下跪行禮，大夥兒都心情愉悅。

荻野屋對面有一家湯川酒造，入口處掛了一只壯觀的酒林（用杉木葉子和小樹枝做成的球，作為釀酒廠的標示），湯川酒造成立於江戶時期，至今已經超過三百年，依然在生產一款名為「木曾路」（不然呢？）的好酒。一九七五年，第十四代當家開了一家日本海拔最高的造酒廠，幾年前有人帶我參觀過，走過裡面裝滿光亮的不鏽鋼大桶，裡面裝了正在發酵的濃稠液體，嚮導解釋一開始是米，用木曾純淨的水清洗，蒸成飯，就像在日本餐廳吃的那種米飯，接著冷卻然後放進大桶子裡，再加入準備好的酵母。傳統上，製造當地的清酒時，是手持大槳攪拌發酵中的黏稠狀半流體，每個階段要唱一首歌，而且要在歌唱完時停止攪拌，如果唱歌與攪拌沒有同步完成，製成的酒風味就會遜色，我看著機械化的生產，和身穿乾淨制服、頭戴安全帽的工作人員，心想他們之中的最年長者，不知道還記不記得那些古老的歌曲。如今一切不外乎電腦科學，但我在荻野屋喝的那幾杯特別純米酒，清楚說明它傳承自過去的高品質。

現在的我再度往南走，到火車站拿回背包，發現下榻旅店的女將，一位年約五十歲、和藹可親的女士已經回來了，她開心地帶我上二樓，來到我要住宿的房間，透過窗戶可看見一百多碼外的火車站，火車站本身並不很大，散發出火車站特有的旅行、稍縱即逝，一種對腦海中隱約記得的事物產生的奇特思念感，我打開窗子以便看個清楚，找到明天行程在地圖上的位置，然後稍事休息。前一天痠痛的大小腿又開始不舒服，更不妙的是，我的腳好像有幾個水泡正在長大，翻過山隘等於是爬升約七五〇英尺之後下坡約八二五英尺，當我閉上雙眼，注意到天花是用杉木板和櫻桃木的榑木建造而顯得相當高雅，空氣中線香的氣味隱約從一樓傳來，我全身放鬆，進入夢鄉。

之後是樓下的晚餐，有鱒魚、漢堡肉、馬鈴薯泥、蛋花湯、三，四種野菜、魚板、米飯和日本茶。我費盡力氣步履蹣跚回到房間，心想女將是不是以為我一個禮拜沒吃東西了，勇屋旅館有一台洗衣機和乾衣機，洗完衣服後我好好泡了個澡，衣服乾了，疊好放回背包，然後把棉被鋪整齊，看日本鳥類的電視節目，再讀一點孔子。不用說也知道，他總是有合適的教誨。

君子食無求飽

眼睛睜不開，索性關上電燈，聽見最後一班火車離站。

路程時間：藪原宿至宮之越宿：八公里（四點八英里）三小時二十分

第7章

宮之越

（標高二六七〇英尺）

祇園的鐘聲反映萬物之無常。娑羅樹的花警告世人，凡興盛必將衰弱。驕者必將無法久長，一如春夜之夢。驍勇之人亦終將如塵土遇風，灰飛煙滅。

《平家物語》，第一卷

六點二十一分，當地火車的鳴笛邀請我加入這一天，於是我起來疊好被，把牙刷以外的所有東西打包好就下樓吃早餐，有水煮鮭魚、優格、煎蛋放在小鍋子裡、味噌湯、納豆、飯、醃漬物和日本茶，作為今天的燃料。

天氣多雲寒冷，薄霧在山間游移，我很高興在旅館入口外發現一台自動販賣機，買了兩罐我最喜歡的日本咖啡Boss café au lait，慢慢喝完一罐（是熱的）」，把另一罐擺在外套口袋用來暖手，就在我好不容易穿過車水馬龍的國道，只見女將還在向我鞠躬道別。在我右下方的木曾河正湍急地沖刷河中的岩石，上方則是層層疊疊的山嶺，被紅色、黃色、紫色和綠色覆蓋。不久後，中山道偏離高速公路，在我左方的道路進入一片茂密的杉樹林，間或有溪水流下山澗匯入河川，少了來往的車輛，水聲充斥整個空間。八十幾年前，衣衫襤褸、獨自一人且年邁的山頭火，前胸後背吊掛著兩個小藤箱，也曾在同一條路上旅行，其中兩首俳句如下：

佇留片刻
水聲淙淙
無止盡

道路：
水聲
遠與近

現在的道路進入小村子，再蜿蜒通過大片已經收割的稻田，一堆堆割下的稻稈整齊星布在乾涸的土地上，中央線鐵道在這裡和中山道交會，柵欄被降下，燈光明滅。我停下來，在火車疾馳通過時揮舞帽子，但乘客忙著閱讀報紙雜誌，只有一個小女孩從車廂裡開心揮手回應。

不久我又回到國道高速公路，不到零點二五英里進入藪原隧道，多年前，我跟內人和兩位朋友走在極其狹窄的人行道上，穿過這條幽暗的隧道，我們用旅店贈送的紀念品薄毛巾裹住鼻子和嘴巴，誰都不願意承認恐懼，直到當天晚餐酒過三巡，因此我不想重蹈覆轍。不過，這次我的運氣不錯，在高速公路另一側發現一條之前沒看到的古道，在看似路標的木牌子上，清楚刻著「宮之越兩公里」。我驚惶跨越高速公路，發現這條比較好走的路是一條狹窄的古道，現在禁止車輛通行，只讓人徒步行走。此刻木曾河又來到我的左側，山愈來愈近，到處都是秋色，其中一棵樹鶴立雞群，滿樹金黃色的葉子，樹蔭幾乎覆蓋整個河面，這是孤獨寂靜的地方，雜草和小樹從柏油路的裂隙中竄出，唯一的聲音，又是翡翠綠的清澈河水急促沖刷岩石和大小不一的石頭時，所發出的聲響。

所有溪流
倏忽成瀑布
深秋

山頭火

在此路上
無一行人
秋之黃昏
（譯註：原文秋之暮的暮，有黃昏也有季節即將結束的意思，此處尊重本書作者的翻譯）

芭蕉

再走遠一點，進入名叫日吉（音譯）的小村落，村子右邊是山吹山，據說藪原夫人住在這裡，《木曾名所圖繪》是這麼說的：

《平家物語》中說到，源義仲有兩名妾，一位叫巴，另一位是藪原，在元曆的戰爭中，藪原生病，於是和醫生待在首都，但是在《源平盛衰記》中，記錄了義仲的兩名妾分別為巴和葵。兩位都是偉大的戰士，但葵在礪坡山之戰中陣亡，兩種說法不同，有人說藪原是齋藤實盛的妻子，真相為何尚未可知。

不管藪原是誰，總之整個木曾谷，尤其是這一帶的人，對木曾義仲及其小妾與後代的記憶深入腦海。

一一五四年生於武藏的義仲屬源氏的旁支，也是十二世紀間爭奪霸權的兩大家族之一，義仲年僅一歲時，父親在慘烈的戰爭中喪生，於是被帶到木曾，由一位有權勢的親戚撫養，義仲在木曾路發跡，他在宮之越建造豪宅大邸，指揮數千名士兵，一一八〇年，他有感時機成熟，於是出兵反叛當時另一大氏族平家，進軍當時被平清盛掌控的京都，不到兩年，平家被擊敗，義仲率先進入京城，受到英雄式的歡迎。然而，政治權謀加上在教養和文化程度最高的首都京都，有許多人認為義仲和他的武士粗野、自大又土氣，最後將他逐出京都，最後在與侄兒源賴朝的交戰中死亡，義仲被稱為「朝日將軍」，死時年僅三十一歲。

我繼續繞著山吹山，遇到一位右手麻痺的年長者，正在刻了詩句的小石碑旁清理石塊，他很主動吟誦詩句給我聽，然而口齒太過不清楚，我只聽到「木曾」以及可能是「義仲」的字眼。他面帶微笑告訴我，這首詩是他自己寫的，之後又專心回到剛才的工作，在他身邊有一束摘來的花，這些花無疑是要用來裝飾這座小石碑，義仲已經離世超過九百年，卻依然活在這裡，甚至在這位老人的夢中。

義仲的另一位妾是巴御前，據說也是他的最愛，根據傳說，巴御前也來自宮之越，在十三世紀的《平家物語》中，我們讀到

> 巴有細緻的五官和長長的秀髮，容貌著實出眾。她非常擅於使用弓，騎在馬上成了驍勇的戰士，即使是徒步，當她手持劍時，連鬼神都不敢靠近，憑她一人就能抵擋千名男子。

在義仲陣亡的那場戰爭中，巴不僅倖免於難，且又多取了一、兩人的首

級，後來她逃走了，可能在某個北方的藩國中，出家成為女尼。

走了幾分鐘後我來到巴淵，這裡有一個細小的瀑布流進大池子，池水來自某條溪，據說巴化身成龍來守護這裡的水，這是個安靜的地方，有座涼亭供旅客卸下背包稍事歇息，涼亭的柱子上綁了一本水漬斑斑的筆記本，讓到此一遊的人們簽名留念，我只簽了名字，沒有跟其他旅客一樣試著把這裡的美景化為詩句寫下來，不過跨越溪流的橋旁邊有座石碑，上面刻了一首江戶時期的詩人許六所作的俳句。

山吹和巴
都出來了
是在種田嗎

山吹是義仲另一位妾的名字，意思是山冒出來，「巴」是漩渦或渦流，很像在這裡看到的瀑布和池塘，兩個漩渦在一起，意謂兩個大型的逗號，聯合起來成為一個完整的圓，或許也是比喻義仲對妾們的感情。

現在我走在百轉千迴的上坡路，一面尋找有名的旗舉八幡宮，義仲就是在這遙遠的地方舉起反叛的大旗。可供參考的路標不多，當我找到時還是不太能確定，這個曾經有一千人舉起刀劍和矛戟的聖地非常狹窄，大小約莫一間私人茶屋，一邊是曾經巨大的櫸木樹幹，現在可能是遭到雷擊或腐爛，但樹葉依然濃密，似乎打從義仲的年代就存在，其他的都已不再。據說他的豪宅大邸就在旗舉八幡宮的隔壁，然而現在只剩旱田、幾座用白色塑膠布覆蓋的溫室，和幾棵近期栽種的松樹。這裡有種無常的氣氛，而無常不僅是《平家物語》的主題，日本文學有一大部分也在探討無常，從我坐的木凳俯瞰得到木曾谷和宮之越，國道高速公路在遠方發出轆轆聲響。

關於宮之越，一八四七年的《諸國道中旅鏡》只提到「在這一帶，光用木板搭建的屋子比藪原還要普遍，而且沒有竹子。這是個荒瘠的山區。」在這之前幾年，岡田善九郎寫到：

> 在這崗哨鎮的山並不高，因此有些地方可用來種稻和蔬菜，但畢竟還是高海拔且嚴寒，所以田地不多，收成貧乏，很難靠農業為

生。此外，通往較繁榮的東西區的經商道路有些遙遠，交通所費不貲，加上鹽之類的商品昂貴而維生不易，許多人舉債度日……多年前，人們養牛並且從名古屋、福島、依那和松本運送貨物賺取貨運費，然而近來情況惡化，牛隻數目大幅下降。

曾經，這裡是驛馬交班的崗哨鎮，有一處本陣、一處脇本陣和一整排共二十一間客棧，而如今所有客棧都不再，只剩下一間是由一位加藤老太太經營，我和內人與朋友多次受她熱情款待，幾年前她過世時，女兒將客棧留下作為住家，現在一家大小都住在裡面，但她本人每天通勤到木曾福島工作，這間屋子在本陣舊址的隔壁，本陣如今已經荒廢且長滿植被，但可以想像在這城鎮風光的時期，加藤太太的祖先必定曾有過興旺的生意。

木曾河流經宮之越的中央，幾座橋橫跨其上，而後朝西蜿蜒前行。過了紅色的橋後，走一小段路就來到德音寺，這座佛寺建於一一六九年，後於一七七六年遷至現址，這座廟雖小但維護得很好，幾年前以高超的技術替換掉銅製的屋頂，一天晚上加藤太太在端出那無人能及的晚餐時，說每個住在德音寺行政區域的居民，都必須根據會員等級出錢贊助這次的整修，加藤太太面露不悅地說，她必須出三十萬日圓，相當於當時的三千美元，對一位經營客棧的老太太來說是筆巨款。如今這間寺廟以供俸義仲牌位（現在當然也包括加藤太太的在內）知名，遊客會來到這裡參拜，祈求他的靈魂給予自己心靈啟迪，大廳左側有一尊義仲的木雕像，雕像後面的樹蔭下，是他覆滿苔癬的墓碑，巴和義仲母親的墓碑也在這裡。

參拜了他們，在賽錢箱裡投入一百圓硬幣，繼續行程。回到中山道的途中經過義仲館，就在宮之越狹窄不起眼的主幹道與中山道的交叉口。

除了德音寺和義仲館以外，宮之越（字面意思是在聖地的尾端）同時是個靜謐的山村，整個區域就只有一家理髮店、一間雜貨舖，和一間國小國中一貫的學校。然而，平凡的外表隱藏悠久且錯縱複雜的歷史，遠溯自繩文乃至平安和鎌倉時期的陶器、瓷器、青銅器和八角青銅鏡被埋藏在河岸，這些連同義仲年代的工藝品和圖說，都展示在義仲館裡，記錄顯示在這周遭曾經有大宅邸甚至鑄鐵廠，可見從最早期以來，這裡曾經是原料的重要來源，也是豪宅和商業的所在地，但是基於某種理由，像是孩子長大，搬到大城市後不再回來，或者沒有足夠觀光客養活一家客棧，於是宮之越就不再有提供旅人下榻的旅店了。

十三世紀的僧人鴨長明在其散文《方丈記》中，曾嘆道：

河水不捨晝夜，前水非後水。漩渦上的浮沫忽滅忽現，沒有一個浮沫是永遠。人和其居所也是如此……因此，人和其居住的地方要對抗無常，好比朝顏上的露水。露水滴落花雖在，卻在早晨的太陽下枯萎。又或許花凋謝而露水雖未消失，卻等不到夜晚到來。

我啟程前往下一個村子——原野。天色開始變黑，我隱約察覺到雙腳不太舒服，好在根據地圖我的目的地並不太遠，儘管如此，我還是加快腳步，希望趕在下雨之前到達。

過了宮之越市郊約四百碼，就在篠島的鄰近一帶，在木曾河對岸有個深池，當地人稱之為蛇切淵，根據《木曾路名所圖繪》，據說許久以前有一位農夫在河岸邊割草，割草是辛苦的活兒，農夫累了便躺在河岸邊小憩，突然間他聞到恐怖的氣味而在驚嚇中一躍而起，看見一條大蛇銜著他而來，張開血盆大口想要生吞他，在那當下，他揮舞鐮刀切斷大蛇，大蛇浮在水面上翻轉幾回便死去了，因此這個池子被稱為蛇切淵，農夫把鐮刀收藏好，後來傳給子孫，如果有人罹患瘧疾，只要看這把鐮刀就會病癒。

日本的古老傳說中經常出現平靜的水池和毒蛇，但不像這故事有圓滿的結局。

在小而空蕩的篠島火車站，我就近坐在一塊大石頭上，視線越過河，看著池子原本的所在地，這是個荒涼的小地方，難怪會遇到大蛇，這時天開始下雨，我決定繼續行程。

現在中山道開始緩升，最頂端是眺望駒岳山脈的絕佳地點，綿延不絕的山一直延續到東南方，根據《木曾路安見圖繪》，駒岳頂端有一顆形似駒的巨石，山的名稱由此而來，這是一座雄偉的高山，六月時雪融，到八月又開始積雪。

我的朋友市川隆在一九六九年七月跟我一起徒步爬上山，我還記得當時冷颼颼，我們停下來喝山澗流下的水，就像嘴唇碰到冰塊一樣。

這條路很長，但有體貼的人沿路種了一大排橘色和紅色相間的金蓮花，使我將注意力從疼痛的雙腳轉移到這令人愉悅的景象，最後東邊濃密的杉樹林遮斷視線，木曾河往西流去，聽不見水流聲，但仍見得到河，來到原野的市郊前不久，有一片面臨小山丘的平地，山丘上全都是些石碑和幾尊五、六英尺高的石像，有些石像可能和御嶽山有關，但我不確定。

我最感興趣的，是我在木曾路邊常會看到的兩、三英尺高的石碑，上面刻著中國字「庚申」。我曾經問當地人那是什麼意思，但沒有人給我滿意的答案，有些人就只是聳聳肩，好像在說：「誰知道呢？」最後我查漢日字典，看到這個解釋：根據傳入日本的古老道教傳統，在我們的胃裡住著三條蟲子，叫做三尸蟲，一年當中的某一個晚上，也就是日曆上的庚申日（kanoesaru），蟲子會趁人睡覺的時候上天，把人做的所有壞事告訴玉皇大帝，為了避免這種令人不安且丟臉的情況，於是人會徹夜拜神，當然還伴隨著許多歌舞和飲酒，或許再多做點壞事，來驅趕三尸蟲。有趣的是，這個信仰跟三隻猴子「非禮勿視、非禮勿言、非禮勿聞」多少有些關係，或許是因為「申」代表的生肖是猴，而日文的猴發音為saru。

這條路最後通往舊原野，又叫做間之宿，意思是「崗哨鎮之間」，現在還有一些古老的木造屋，是採取所謂寬射柱的建築工法，再走遠一點有一個路標，指出這裡是中山道的正中央，傳統的房屋立刻被比較現代的建築物取代，但聽得到也看得到東邊的國道高速公路，岡田善九郎在這裡看到肥沃的農園和幾處稻田，也提到好幾代木曾氏族的成員曾經住在這裡，但他看到這個城鎮在駒岳的「陰影下」，因此天氣相當寒冷，收成不如其他地方。

今天感謝國道高速公路，古老的休息站依舊繁華，當我穿過一處區域時，我問該怎麼到我下榻的客棧，對方告訴我，客棧不在中山道上，指點我左轉跨越高速公路，再上坡來到駒王，義仲小時候就叫做駒王，也是我今晚投宿的旅店。我左轉穿過一段加蓋的涵洞橋，看見刻著「水神」的小石碑仍然受人尊敬，哪怕水在地底下流，而且就在一條車水馬龍的道路旁。這裡不會忽視生命的自然元素，哪怕不是睜眼可見，且一不小心就會錯過。

就在我穿越卡車汽車往來頻繁的高速公路時，毛毛雨變大了，上坡路又陡到行走吃力，雖然我問了好幾次駒王，答案永遠是「再十分鐘就到了」。經過路邊的市場和餐廳，以及在這信奉佛教為主的鄉下的耶和華見證人禮拜堂，我看見一棟三層樓高的大型現代建築，有極簡主義的大花園，旋轉式車道和載滿中年男女的接送小巴，這就是駒王，不是旅館也不是民宿，而是觀光客泡湯的目的地。

這不盡然是驚喜，因為我比較喜歡傳統客棧，但我在不知情的情況下預約，加上被雨淋濕又累，打算在這裡停留一陣子。儘管我狼狽不堪，服務台的職員仍然神情愉悅地歡迎我，帶我到二樓的房間，一間叫「贄川」的傳統日式客房，有塌塌米、矮桌，牆上掛了幾張廣重畫的木曾路複製品，客房裡也有電視和一個小小的門廊，擺了一張書桌和椅子，我到走廊的販賣機買了一瓶朝日啤酒，安頓好試圖把自己弄乾，外頭的雨淅瀝下個不停。

終於，我發現我自從在勇屋用完早餐後，還沒吃任何東西，駒王要到晚上六點才供應晚餐，我抓起小傘，穿上溼答答的靴子往外頭走，雨勢稍稍趨緩，但道路兩旁的溪流暴漲，朝木曾往下流。吃了一碗熱呼呼的天婦羅烏龍麵，在一處類似卡車休息站兼蔬菜攤兼餐廳的自動販賣機買了一罐「卡布奇諾」，我漫步到隔壁的小書店，很高興找到三冊薄薄的民俗故事，是由當地中學生集結而成，其中一本收錄前面提到蛇切淵的由來，我期待在讀過嚴肅的孔夫子後，這些書能帶來閱讀的樂趣。

我把新獲得的寶貝放進塑膠袋，店經理親切地跟我一起走進雨中，告訴我該如何前往林昌寺，這原本是天台宗的寺廟，現在隸屬臨濟禪，林昌寺建造於一一六九年，原本是義仲養父中原兼遠的家廟，義仲前往京城時，兼遠剃度為僧，可能是感應到災難即將到來。山腳下眾多墳墓中，有兼遠的墓碑。

路程不遠，但沿著高速公路的步道感覺窄到有些危險，和從身邊奔馳的卡車很近，我在到達寺廟前又淋成落湯雞，一進大門，迎面而來的是六尊地藏石像，面對寺廟的是一座中型花園，有低矮的松樹，一個小池子跟兩、三條鯉魚，還有假山。高速公路上的車聲突然間不再聽得見，至少我沒有注意到。

我打起精神，脫掉靴子，走上寺廟的木台階，按下小小圓形的電鈴，不用說也知道，住持的妻子面帶微笑打開拉門，詢問能為我做什麼，我解釋自己正在木曾路上徒步旅行，想沿路參觀文化景點，她優雅地讓我入內，我也再次被木曾谷曾有過的繁華歲月震撼，而這無疑是因為它在中山道上的位置，以及身為通商道路和朝聖必經之處的緣故，這座寺廟並不特別大但極度華麗，精工細緻的鍍金裝飾物從天花板垂掛，還有個極盡美化的祭壇，正中央是鍍金的觀音像，大廳內部的許多坐墊，說明很多人會在這裡聚集。

一面喝日本茶吃米菓，住持的妻子解釋禪寺不盡然像西方人想像的那樣，是個供人長時間靜坐以及過嚴格苦行生活的地方，木曾路上有那樣的寺廟，但鎮上的廟多半是由當地居民支持，打從江戶時期以來，這些家庭就遵守中央政府的規定，登錄在某間寺廟下，這個教區制持續至今，加藤太太貢獻給寺廟的三十萬日圓修繕費，就是這麼來的。如今一如三百年前，教區居民在特殊節慶、葬禮或周末法會時會聚集在廟裡，住持也必須經常拜訪教友的家，在家族供奉祖先牌位的佛壇前誦經，她面帶微笑地說，當住持誦經時，家族成員必須跪在佛壇前，孩子們通常露出無聊的表情，要不就是偷偷傳簡訊給朋友。

雨停了，我發覺時間也快到了，於是謝謝住持的妻子招待我喝茶、吃蛋糕並且聊天，然後就告辭了。正當我來到寺廟大門，想轉身再次鞠躬之際，發現她還站在樓梯頂端，向我這位落湯雞的外國不速之客鞠躬。

就在我沿原路步行回駒王之際，我的腳顯然不太對勁，回到旅館時已經下午四點，但畢竟是溫泉，於是我穿上浴衣，拎著浴巾便直奔浴室，浴室本身呈洞穴狀，鋪上磁磚的浴池大到至少容納得下五、六人，今天的天氣濕冷，浴室裡只有我一人，於是我好整以暇在熱水中泡個夠，只是時間已近黃昏，沒法按照《旅行用心集》的以下建議：

泡溫泉的方法如下：第一、二天，每天泡三至四次。如果感覺不錯，就增加至五到七次。老弱者應該視自身情況調整。

儘管如此，我在很熱的水中伸展身體，在瞌睡中想起山頭火的兩首俳句，雖然跟此刻的心情不同，但還算貼切：

孤獨一人

浸泡溫泉中
秋之夜
晨浴
水滿且急
在其中之我

用薄浴巾盡可能擦乾身體，穿回浴衣和外罩，直到一樓的大餐廳開始供應晚餐，今天晚上只有五、六位客人，我和一對中年夫妻攀談起來，他們是從東京開車到這裡過夜，先生解釋他有長年腰痛的毛病，經常泡溫泉能緩解症狀，我從他的微笑推測，腰痛是他離開東京到外地泡湯的好藉口——他真心推薦了幾處地點——而他老婆也樂得配合，不久晚餐端上桌，大家把注意力轉移到食物上，共有十五道菜，在駒王這個小地方。

趁著晚餐上菜的空檔，我跟領班服務員聊到，再過幾天我打算去登御嶽山的計畫，但後來話題來到我們都著迷的相撲，他告訴我，相撲力士經常來駒王休息放鬆心情，他指著餐廳入口一只裱褙過的寬幅卷軸，有五位相撲力士的硃砂手印，和每個手印底下的親筆簽名，這幾位力士前陣子都待過這裡，有知名的千代富士、貴乃花和另外三位，現在我才明白為什麼浴池會這麼大。

回到房間，在上床前讀完一遍木曾的民間傳說，許多都是關於狐狸以及對恩人的忠心，而不是一般故事中胡鬧作亂，慣於魅惑人類。狐狸最喜歡吃老鼠天婦羅，待在日本這些年，我還沒見過一隻狐狸，但我猜牠們見過我，特別是當我沿著山邊稻田，走在人煙罕至的路時。在日本，狐狸是農作物之神「稻荷」的使者，遊走在神明和人類之間的世界。

清晨六點，山被霧靄包圍，一連串深淺不一的粉彩色使山顯得柔和，氣象預報早晨的溫度約攝氏十度，下午升溫到二十度，電視的氣象預報後，是日本最新搖滾團體「弱者反擊」(Bump of Chicken)和「放克猴寶貝」(The Funcky Monkey Babies)的一小則新聞，但我選擇下樓吃早餐，今天早上的菜色包括甜點優格、用石蠟加熱平底鍋煎的雞蛋和培根、橘子、味噌湯、白飯和好喝的咖啡。

喝完第三杯咖啡，我上樓打包行李，拿出塞在靴子裡的報紙，查看地圖，準備上路。我謝謝經理和服務員領班的款待後步出前門，看到那位背痛的先生和妻子正在等車子，兩人親切地表示要載我到下一個目的地木曾福島。我婉拒他們的好意，彼此揮手道別，之後我懷疑這個決定是否明智，總之現在我走下山丘，再過五分鐘就會回到中山道，要不了多久就會再度和國道高速公路匯流。

這段路應該是整條木曾路上最沒看頭的，卡車以高速度呼嘯行駛，狹窄的人行道，以及路邊東一家、西一家廢棄的旅館，不知為何我錯認了一條分岔道，於是舊路通到一處安靜的區域，但我很快又試了一次，不久就走在田埂間，經過民房，最後來到一座跨越木曾河的橋，現在的木曾河河面變窄，但岸邊依然有紅葉，湍急的河水流過大小不一、形狀各異的石頭。

過了橋，有座古老的神社隱身在山中，在它底下的楓樹、杉樹和柳杉如深色的頂棚般，拉開拉門，牌子上面刻了「荒神」二字，通常有兩種解釋，發音為arakami（譯註：為訓讀）是暴戾的神，要舉行祭典來安撫，若發音為kojin（譯註：為音讀），則是廚房之神。說得更明確些，我的《國語大辭典》是這麼解釋的：

這是保護佛教三寶（佛、法、僧）的神明，祂現憤怒像，有三頭六臂，深受修驗道和日蓮正宗信徒敬仰，百姓尊祂為爐灶之神，衍伸為火神，據信祂通常也是守護農業之神。

有趣之處在於，字典也提到祂的名字被當作「妻子」的同義字。

於是我回頭查地圖，發現我可以再往上坡走一點路進入中山道，要不就是走下山丘，選擇沿河的那條路，從我所在的位置，看得到舊路兩旁綠樹成蔭，走起來應該會蠻愉快，但下面那條路很靠近河，有一些我還沒看過的美麗景點，於是我很快但尊敬地向廚神鞠了躬，便改走下面那條路。我看見右邊是已經收割的稻田和挨著山邊的農舍，左邊是從河對岸延伸過來，順著河水流走的紫色、黃色、紅色和棕色，現在是秋天最美的時節，我喃喃向荒神道謝，試圖忽視雙腳的疼痛，繼續行程。

最後，道路一分為好幾條方向不同的叉路，這下子我又迷路了。經過住宅區再往上坡路行走，停下來向一位正在整理花園的年長婦女問路，她神情愉快地告訴我，距離我的目的地已經不遠，並且請我進屋子喝茶，我遺憾地謝謝她的好意，走了不到十分鐘，高速公路就出現在遠方山丘，沿著高速公路走，會進入一條繞過下個城鎮的隧道，隧道正上方有個大牌子：「木曾福島關所」。越過河來到通往舊崗哨鎮的道路，穿過跨立在路上的鳥居，這個鎮一直讓我感到像在家一般地自在，貝原益軒形容它「不僅在木曾山，也是整個信濃路上最好的城鎮」。

路程時間：宮之越至木曾福島：七公里（四點二英里）三小時十分鐘

第8章
木曾福島和御嶽山

艮，止也。時止則止，時行則行，動靜不失其時，其道光明。
兼山，艮；君子以思不出其位。

易經艮卦

艮卦的意思是停止。君子在該停的時候停，該動的時候動，動靜都有其時機，這才是光明之路……艮卦為兩重山，故稱為兼山，君子的思維不超過他的處境。

木曾福島：標高二三七〇英尺

木曾福島曾經是木曾路上十一個崗哨鎮中最大的，今日依然如此，不僅因為這裡有雄偉的關所，也因為商業發達。貝原益軒提到「這裡什麼都有得賣」，岡田善九郎如此記錄：

這個崗哨鎮擁有整座木曾河谷中最繁忙的商業，和最多可供販賣的商品，這個城鎮的居上位者很有錢……每年舉行馬的市集，販賣各種棉麻商品、木製工具和製品，保存的年糕、黑胡椒、乾燥的蕨類、乾香菇和來自南部和北部海岸的鹽漬魚，這是個繁榮充滿生命力的城鎮，即使低階百姓都維持不錯的生計。

我跛腳走過位在城鎮最北端，地勢最高點的關所，步履維艱走下坡，進入城鎮境內。現在主幹道一會兒匯入中山道、一會兒又從舊的中山道岔出去，穿過乾貨店、銀行、酒吧、高級清酒店、兩間菜市場和一座迷你公園，遊客可以在這個以杉木板圍成、三英尺乘以六英尺見方的溫泉池子裡泡腳，木曾河的河水在右側遠方快速流過。

我下榻的客棧就在前方再過去一點，入口面對馬路，最西側的客房就在河面上。更科屋(音譯)最初於一八七二年建在關所附近，一九二七年拆掉在現址重建，由於樓梯上下迴旋的奇特方式，很難說這是兩層樓還是三層樓高的建物，但所有客房(面積各異)都是和式房，有榻榻米和木頭橫樑。就連最小的兩人房牆上，至少都掛有一幅日本風景或書法的卷軸，安藤先生是客棧第六代當家，祖先是為當地領主效命的武士，但這家客棧的實際經營者，是默默工作的幹練妻子峰子，峰子的名片上，在名字旁邊印有女將兩個字，意思是女將軍。

年約五十五、六歲的峰子，身材健美高挑，她在入口面帶親切但有點心神不寧的神情歡迎我的到來，「不好意思，比爾先生，」她道歉。「旅館客滿，名古屋來了二十位營建師傅，沒辦法安排在您最喜歡的河面上的房間，希望您不要介意。」她所指的是一間可容納四人的大房間，俯瞰木曾河。我曾經在某個颱風天在那裡過夜，看著浪花翻攪掠過河中央的細石，心想大夥要不要搭便車連夜趕往下一個崗哨鎮。其他時候河面上就只是水流快速通過，河水清澈見底，鳥兒在河岸邊玩耍，房間牆上掛了某部佛經的捲軸，門上是御嶽山求來的護身符，晚上開著窗，水聲引來陣陣睡意，舒緩白天的所有疼痛，這是我在整條木曾路上最中意的房間。

不過，這次我被領到一間小而舒適的臨馬路客房，我提醒自己，這是一千多年前的人走過的馬路，最大的差異在汽車取代草履鞋，但還是有很多人願意用雙腳走這條路。

不久，峰子跟女兒端咖啡和小橘子來到我的房間，我們聊到我攀登御嶽山的計畫，她先生安排一位年輕藝術家也是登山家和御嶽教的修行者山下克彥陪同我，但她留意到我跛行，不確定我的狀態適合登山。她以媽媽的口吻請我脫掉襪子以便檢視，結果看到在我的左右腳上一顆顆水泡上又冒出好幾顆血泡，令她們大吃一驚，這下子我才終於了解日文的「豆子」(譯註：日文的mame是水泡，發音同豆子，但漢字寫成肉刺。)是什麼意思。峰子露出極其嚴肅的表情宣布登山取消，說她會負責通知山下先生，我對這決定沒有太多掙扎，因為幾天來我愈來愈傾向這麼做。

時止則止，時行則行，動靜不失其時。

決定放棄登山後，我們又聊了一會兒，喝完一杯咖啡又喝了一杯，峰子和最近大學畢業回家幫忙的女兒，禮貌地道歉花了我太久時間（長尻いたしました。）（意思是「我們久坐不走。」）後離開了。日本客棧通常不供應午餐，我在她們之後下樓，輕手輕腳再度穿上靴子，一溜煙出了大門。

沿河走了不久就回到鎮上，來到我在這裡最喜歡的咖啡館「樹林」，女老闆以「歡迎回來！」向我打招呼，帶我到俯瞰河的木桌旁，這是一家只有五張桌子的小店，頂多只能坐二十人，是消磨下午時光的最佳地點，西邊的牆是一大片玻璃窗，河對岸的道路再過去是隆起的山，因此只看得到一線天空，今天黃葉（可能是銀杏吧？）掉落到清澈的流水中，流過藍灰色卵石直到下游，藍灰色的鶺鴒輕快敏捷地掠過湍急的河水和露出水面的小石頭，我入神看著黃葉被水帶走，感傷起韶光易逝，從眼前消失。

女老闆端來一碗炸蝦天婦羅蓋飯和一杯茶，這時我立刻想到要先做另一件事，我拉開木筷子，口中念著「いただきます」（虛心領受），然後開吃。

回到更科屋，還有時間洗澡。跟之前一樣，時間還早，其他客人還沒回來，可以不必趕。我先坐在木矮凳上把身體洗乾淨，接著鑽進一人大小的木澡盆，在這裡一不小心就會睡著，有些人就是如此，但不建議這麼做。我泡了半小時後起身，擦乾身體，上樓好好小睡一下。天空的雲朵開始快速飄過，溫度下降。我打開瓦斯暖爐，漸漸進入睡眠狀態，又一片葉子掉落水流中。

六點半，峰子叫醒我下樓吃晚餐，更科屋自從近九十年前在這裡重建以來就一直是民宿，客人全都在一樓鋪有塌塌米的大房間用餐，坐墊放在矮木桌旁按房號入座，桌上通常已經擺了好多碟菜，啤酒和清酒在房間盡頭一只大型玻璃冰箱中，建築工人魚貫進入就位，經過一天的工作而顯得疲憊，他們貌似鐵錚錚的漢子，但對女將恭敬有禮，我注意到其中一位身穿Hello Kitty運動服和運動長褲，在日本，「可愛」似乎沒有社會和性別的界線。

大家都迫不及待吃完魚、蔬菜、白飯、味噌湯、蕎麥麵、漬物和橘子，看著餐廳盡頭的電視播放的新聞，而後一一回到房間，結束這一天。我注意到好幾位同住客棧的旅客，拎了幾大瓶清酒回房，但晚餐的朝日啤酒，對今晚來說已經足夠。

回房間躺在被窩裡，我選了在原野的書店買來的其中一本地方傳奇故事，裡面有幾個短篇故事，是關於一隻在興禪寺的狐狸，興禪寺也是木曾福島最知名的寺廟。

在進入木曾福島之前的小村落，有座寺廟叫做興禪寺，廟裡有一座美麗的花園，花園裡有一座狐狸的墓碑。

明治時期之初，有隻狐狸化身成人，在廟裡當沙彌，住持察覺到他其實是狐狸，但還是讓他繼續待在廟裡，因此當這小沙彌打盹，不小心露出狐狸尾巴時，住持會彎腰小聲說道：「喂，尾巴露出來囉。」

一天，住持讓沙彌帶話給日和田村裡的某人，這個化身成男孩的狐狸傳了信息，但回程途中被步槍射殺了。用肉眼看，這位沙彌似乎跟常人無異，但是從槍管透視出去，看到的卻是不折不扣的狐狸，所以獵人才瞄準他，扣動板機。

住持焦急地等待沙彌，最後愈來愈擔心，於是親自前往日和田一探究竟。他在山路上看到沙彌的屍體，便將他帶回廟裡，悲傷的他將沙彌的屍骨埋葬，立了一塊墓碑。

據說，狐狸的墓碑就是這麼來的。

半夜，我被強．布萊利（Jon Braeley）叫醒，強是邁阿密的獨立製片，剛從東京搭最後一班火車來到這裡，隨身帶著兩大只裝滿攝影器材的皮箱，當時我昏昏沉沉，腦袋充滿狐狸、住持和寺廟的花園，只能在被窩裡搖搖手表示歡迎，然後指著擺放被窩的櫃子。我很快回到間歇性的睡眠，直到清晨到來。

早餐的通知來得太早，我們下樓看到一陣驚喜——雞蛋、香腸和吐司的西式早餐。峰子實在很體貼，準備了她認為比平常的美食更適合兩位美國客人的早餐，而我喜歡這樣的改變。日本版的吐司麵包總是切成一英寸半厚，塗抹大量融化的奶油，我吃得津津有味。

我和強好好聊了一整天，喝了幾杯專門給我們享用的咖啡，他剛來到日本拍攝全國劍道錦標賽，但他想或許可以先到幾處我一直推薦他的地方瞧瞧，他的行程很緊湊，時間只夠看看這個小小的鄉鎮，之後就要奔回全世界最大、最現代的城市之一，東京。強的老家在英格蘭，個性開朗健談，在我經過幾天獨自旅行後，他是個絕佳的旅伴。日本諺語說得好：

旅は道連れ

旅行啊，就是要有人同行

人們都說旅行能增廣見聞、擴大世界觀，但我經常擔心太長時間獨自行走，認知會愈來愈片面，而且會滿足於自己偏狹的習慣和孤僻。單獨走遍這些山確實帶來最大的樂趣，但我有無數多次因為旅伴不經意的一句話而令我茅塞頓開。另一方面，我的親身經驗說明慎選旅伴很重要，威廉・赫茲利特（William Hazlitt）在一八二二年的著作《關於旅行》（On Going on a Journey）中寫到，在旅行的重要時刻，擁有不適合旅伴的下場。

在我們生命中的這些重大時刻太寶貴、充滿太多真實、發自內心的幸福，不該因為缺乏共鳴的對象，而被不經意地錯過。我想要一個人獨自感受這些時刻，吟味至一滴不留。

強是電影製片，除了個性好又聰明之外，他對周遭事物總是抱持好奇。氣溫下降到華氏四、五十度之間，對十月的木曾谷來說是很平常的事，而攜帶沉重的攝影器材，會使路途既冷又漫長，這時又出現另一件意料之外的事。客棧的早餐已經結束供應，峰子決定讓女兒顧店，（以女將的氣勢）建議我們，由她開車載我們穿過城鎮，上山到福島關所，她說車子就在旅館門口，請我們上車。情況顯然不容我們拒絕，不久她的小車子穿過非常狹窄的路，繞過通往二五〇英尺陡坡的許多石階，來到關所。這棟開放式的木造建築和大門占地不超過二二〇英尺長，以東是關山，以西是峭壁漸次下沉至木曾河，想要從這裡溜過去可不簡單。

強架設攝影器材之際，兼職導遊峰子解釋木曾福島大約在木曾谷的中央，位於江戶和京都中間，在交通上具戰略的必要地位，也成了設置關所的不二所在，沒有人知道原始關所於何時興建，但中山道於一六〇一年「開通」，因此關所應該是在那之後不久興建的，木曾氏佔據這個區域的期間，曾在贄川和妻籠之間設置幾處較小的關所，這裡可能也是其中之一，但是當德川接掌木曾谷後，將建築物和大門建得更加牢固，並交給山村氏管理，成為世襲的地方行政官。

關所南北走向，環抱西側的山，從大名旗本到隨從乃至平民百姓的旅人，必須先收到通行許可，才能在關所前排隊等著通行，除了夏季外，這一耽擱就要冷得打哆嗦，在嚴寒中直跺腳。太陽尚未從山頂升起，在這仲秋的早晨，空氣中的寒意不只一點點，我和峰子走進沒有暖氣設備的關所內只是為了保持活動，而不是貪圖室內的一絲溫暖。

這個關所的結構和贄川的大同小異，只是更大、更壯觀。我們在入口處脫鞋，左邊展示江戶時期使用的各種武器，如矛、弓、棍棒，還有一根長木柄，一端有兩英尺長倒鉤的怪東西。這是為了阻止人們試圖闖關而將他們的衣服勾破，無意造成任何實質傷害，士兵配備這種武器在狹窄通道的兩端把關，當時的人為什麼還會以為自己能闖關成功，理由就不得而知了。

在這原本空無一物的室內，展示了木製通行證、文件、古老的圖案和當時的槍，這裡原本是給守衛或僕人休息，或是非當班時等待的地方，下一個也是最大的房間通往一座約三英尺高的石庭——關所的時代是沙子——庭中有一只火盆、平坦的坐墊、一張小書桌和一張扶手椅，給官員檢查文件和通行證之用。除了大名旗本、隨從和貴族外，旅人跪在沙子上等官員放行，最遠端有個漆黑的小房間，老婦人會用放大鏡檢查「男孩們」，確認他們的性別是否有問題，還有其他很小的房間，用來給官員及其助理喝茶。

忙碌的時候，只有五花八門來申請通行的旅人，能解除官員工作的單調乏味，包括大名旗本、浪人、朝聖的農民、走唱藝人、詩人和俳優、商人及其助手，以及有錢有閒而旅行的各種人。木曾以兼具日本東西部文化元素知名，不同階級的男女必須在福島和奈良井等崗哨鎮的客棧中等待，也必定造就不同觀念、風格、歌曲、故事甚至笑話的交換，而旅人及旅館老闆對不曾親身到過的遠方也有了一點概念，關所最初是為了妨礙自由移動，卻反而促成了觀念的交流，甚至讓人們對日本獲得更完整的概念。

陽光開始在河對岸的關山頂上升起，強拍攝完這一帶的一系列相片，於是我們開始整裝出發，我們把沉重的器材搬進峰子那小小的後車廂時，她解釋這個關所一直營業到一八六九年二月，之後為了剷除德川政權及其殘餘影響力而將之拆除，但是關所的所在地於一九七五年被挖掘出來，剩餘的結構體以及建築物和設計的完整定位，都是靠著比對文件資料來確認，一九七七年重建，兩年後被指定為國家歷史古蹟。車子緩緩駛離，日本觀光客開始攀上長長的石梯（每隔十碼左右會有一尊守護旅人的地藏菩薩像），感受自己國家的歷史，但無疑是少了江戶時期祖先們所感受的那種殷殷期盼。

峰子的下一站是木曾福島、關所，以及整個木曾谷的世襲行政官山村民的宅邸。山村曾經是木曾氏族的家臣，但在關原之戰立下戰功，後來被德川家康晉升。

我們跨過日本年代最久遠的水泥橋「大手橋」，把車子停在古老的石牆前，這座石牆是木曾城郭的一部分，現在作為宅邸和花園下層的記號，根據現存的地圖，我們想像江戶時期地方行政官如宮殿般的豪邸是多麼廣闊，而今僅剩下當年的十分之一。俳句詩人橫井也有在其木曾路的旅行誌《木曾路紀行》中，於一七四五年之下寫到：

在今日的福島——第十二——我得以拜訪山村氏的宅邸。這裡一塵不染，僕人身穿正式服裝忙裡忙外，問我們需要什麼。餐盤擺滿海鯛和鯖魚，感覺完全不像身在山中。

砧板上的那天

完全找不到

布穀鳥的蹤跡

布穀鳥會到處尋找孤獨的地方，而且只在心情有餘裕的時候才鳴叫。

我、峰子和強脫下鞋子，走過宅邸下層被保存下來的部分，這棟建築於一七二三年由第十三代地方行政官重建，大廳擺滿服裝、盔甲和江戶時期的藝術品，山村家族中有幾位是頗有名氣的學者和藝術家，宅邸的這個部分以一座藏書豐富的圖書館為中心，我們繞著門廊走一圈，看見陳列供應給來訪要人的餐食，幸運的橫井也有也在其中，菜色包括所有想像得到，從太平洋和日本海新鮮直送的海鮮、河魚、山菜和香草，放在紅黑相間的漆器托盤、盤子和碟子上，足見這家族的富裕和尊貴。

根據一八二三年版本的宅邸地圖，這裡有大約二十三座花園，其中五座有小湖。不過在我們右邊透過玻璃推拉門看出去，唯一留存的花園面朝東邊，雖然這時節的葉子全都掉光而看似荒涼，但花園有個小池塘，並且採用借景技術，借用遠方駒岳山的景，湍急的瀑布流入被護石包圍的池塘中，跨越池塘的石橋通往一座島，這裡已經擺好了賞雪燈籠。瀑布左邊一座制式化的小山是不動明王石，守護水源，關注流經這裡的水，這顆石頭也保佑家運興旺，它在過去兩百五十多年以來確實勝任，並且保護房屋本身。瀑布的後方有座稻荷神社，古舊的燈籠上刻著一七八二年。

山村氏似乎很尊敬掌管收成的稻荷神，走完整個宅邸最後看到的幾件陳列物中，有一隻保存兩百年的稻荷神使者「狐狸」，被供奉在單獨的小房間裡，岡田善九郎在報告中多次指出木曾谷天氣寒冷，被群山環繞，沒有很多平地可供農作，因此掌管收成的神及其使者備受尊敬，狐狸最愛吃的油豆腐也就經常被擺在這些毛孩子們的必經之處了。

回到峰子的車上之前，她指著前方一座古老築壘的石頭，上面刻有詩人橫井也有（一四四頁）的俳句，當我基於禮貌，和峰子一起拍攝紀念照時，不由得想到這位詩人在這棟曾經雄偉壯觀的大宅邸中擁有過的好日子。橫井也有是武士階級，曾經成立過軍事科學學校，並且是資深官僚，負責江戶、大阪和京都的城池，但是有文化教養的山村氏族最希望的，還是他以知名俳句作家的身分來到宅邸，而後以滿足和驕傲背誦他的紀念詩句。

也有寫的另一首詩及其引言，顯示他比較感性的一面，也指出那天交談的主題。

一年當中最熱的時候令人難以忍受，我對著自己吟誦蟬和天氣炎熱的詩，但時間一分一秒過去，蟬鳴在秋風中愈來愈微弱，我開始為牠們難過。

死にのこれ一つばかりは秋の蝉

願至少一隻
仍活著
秋蟬

當一個人並非同時活在花園的自然之中，便無法說他真正活著。花園在人的健康扮演重要的腳色，正如古時候有句俗語：「住在園丁來來去去的屋子裡，不需要醫生。」花園是我們生活中不可或缺，而非可有可無的東西。

今天早上最後一站是興善寺，是木曾福島的五大寺廟之一，也是木曾谷三大名剎之一，以木曾氏和山田氏家廟而聞名的興善寺，於一四三四年由木曾信道興建，作為供奉祖先的家廟，但寺廟本身應該比這更早幾百年，現在屬禪宗的寺廟，可能最初於十一世紀興建為天台宗或真言宗的寺廟，因為在正殿前面有一棵枝垂櫻，據說是義仲親手栽種的幼苗。我們三人緩緩走上通往寺廟的斜坡，經過一顆應該是用來坐禪的平坦巨石，在我們左邊有一尊大型地藏像正在撫慰兩名孩童，步道遠端有六尊小地藏，每一尊代表六道之一。

安藤先生的祖先也被奉祀在這裡，峰子走進寺廟大門，很快和管事的師父交談後，回來便告訴我們不用門票。

穿過大門的時候，一位剃度的年輕師父身穿非正式的米黃色grb褲和上衣，站在我們右側的寺廟主建物入口，他默不作聲地點頭示意，便退到幽暗的廟裡。

面對寺廟主入口的，是園藝大師重森三玲於一九六三年創作，佔地廣闊的枯山水名叫「看雲庭」，這座花園從大殿前方一路延伸，有一片寬廣平坦的細石區，以三組大小不一共十五塊石頭隔開，細石被耙成朝四個方向前進的大弧度曲線意味著雲海，深色石塊則是從雲升起的山峰。這些「山峰」以七、五、三成組的不對稱排列，而七歲、五歲、三歲被認為是孩子的關鍵年齡，在那一年的十一月十五日要被帶到神壇前，請求神明保佑。整幅枯山水代表在空寂中的移動和變化，花園本身被白牆圍住，牆的最上方貼有深色瓷磚，牆外有幾棵大樹，樹葉呈紅色和橘色，再過去是一座座山從崗哨鎮另一端隆起。三玲這麼敘述他的花園：

> 如果神造大自然，花園就是神忘記造的。因此，我們可以選擇代替神來創造花園。我們自己必須成為神。

三玲出身岡山縣，十幾歲時研讀茶道和花道，大學時代學習日本繪畫、藝術史和攝影，這些科目和他的興趣，最終造就他造園的一生，他所有的花園幾乎都採取枯山水風格，包括那些令神社、寺廟、城池甚至鎮公所增色不少的花園在內，他的枯山水受禪宗影響但也相當具現代感，在這清朗的日子裡，白色碎石呈現的動態和深色大石的如如不動，形成了令人驚艷的對比，子曰：

本立而道生

根本建立後，會生出有智慧的舉動

群山和流雲：靜與動。我試著想像三玲一開始是怎麼醞釀出這不可思議的創作，但我把這念頭擺在一邊，因為重點不在此。「看雲庭」這三個字，告訴我們該如何觀賞這個庭園，第一個字「看」，是把手放在眼睛上，好比人望向遠方，而不是往一堆念頭裡鑽。

強和峰子替庭園拍完照，「我在這裡住了好多年，」她略帶憤怒的高聲說。「還是拍不好看。」

離開前，我們在寺廟主建物背面以南發現一個入口，通往一座較小的江戶時期庭園，相較看雲庭，這座庭園塞滿了苔蘚、灌木、樹木甚至一條小溪或池塘（看不出來），還有一座石板橋。這裡的植被受到一絲不苟的照顧，每棵灌木和喬木保持特定的形狀和大小，整體呈現和諧狀態，而構成整體的每個元素也都不馬虎，我的眼光從喬木轉向灌木，有些染上秋天的紅，有些是常綠，但給人沉穩的感覺，靜默了半晌，我們繼續行程。

今天從一大早便馬不停蹄，峰子想回到客棧開始準備晚餐，於是連聲道歉讓我和強在崗哨鎮的舊城區下車，這是個有趣的區域，曲折的羊腸小徑和傳統建築的木造住家，我們經過一處噴泉，用兩根木管將水引進木盆子裡，有個褪色的牌子寫著這個引水裝置早在過去五百年來就存在，角落附近擺著一本老舊的簽名簿，請旅客寫下他們想了解的有關這個城鎮的事情，我們再度來到舊木曾路，穿過從江戶時期開始營業的漆器店蜿蜒下山丘，接著穿過市政府，也是古時候本陣的所在地，市政府的後花園有一塊石片，上面刻著芭蕉的俳句：

纖瘦的蟹足
從清澈水中
爬出來

這座紀念碑曾經被豎立在一處果菜園中央，清澈的水從地面不斷湧出，一九五三年搬遷到現址，至於最初為何放在果菜園，原因不得而知。

在這部分或者說是靠近這部分的城鎮，是木曾義在興建的舊城所在地，這是典型戰國時期的城郭，有一條護城河、曲折的街道和蓄水池，但全都付之一炬，目前這裡是木曾福島國小。然而，仰望這場景卻敵不過飢餓，於是我們兩人回到咖啡館吃中飯，凝視落葉順流而去，然後打道回「府」，強還有編輯的工作要做，我則是準備好好洗個熱水澡然後小睡片刻。回客棧的路上，我堅持去當地雜貨店，買幾顆正當令的美味蜜柑，蜜柑很甜，果皮鬆而容易剝下，我們回到房間後，兩人把一整袋蜜柑吃得精光。

天色剛暗，我們被通知下樓和營建師傅們一起吃晚餐，強大手筆點了一大瓶清酒，這酒和炭烤河魚、甜味噌淋蒸茄子、飯、幾種蔬菜和味噌湯很搭。回房間後他又點了一瓶，我們整晚聊著在日本、邁阿密以及世界各地生活和旅行的故事，他說到最近一次在東京的酒吧和夜總會大肆慶祝萬聖節，女性打扮成破布娃娃、灰姑娘和法國女僕，男性穿著海盜和神奇寶貝的服裝，令我感到相當有趣，我們從古老的傳統關所展開一天，最後以開放的現代都市生活結束，似乎不能用單一的心態，來理解日本這個國家。

早晨天空晴朗無雲，空氣中略帶寒意。強和我同名古屋來的師傅們吃了一頓豐盛的早餐，那位穿著Hello Kitty運動褲和襯衫的師傅還是同樣打扮。我們沿著上坡來到火車站，強前往東京拍攝全國劍道錦標賽，我則是休息一天，往反方向到中津川去兌現旅行支票，不到一小時就來到目的地，等著我的是年近八旬的老友市川（音譯），留著稀薄的長髮，稀疏的鬍鬚，眼中的光芒令人放下心防。每次見面，他又更像仙人了一些，這無疑是他一輩子徒步登山和閱讀東方古典文學的結果。

交換完彼此的近況後，市川先生開車載我去銀行，我把旅行支票兌換成日圓，計算匯率是個困難但很有趣的過程。雖然現在我有充裕時間到咖啡館聊天，然而在我上車之際，觀察力敏銳的市川先生注意到我跛得頗為厲害，於是我們捨棄咖啡店的舒適，由他開車載我到當地診所檢查水泡，以防傷勢惡化到不可收拾。

> 不習於旅行的人感到疲憊或腳上磨出水泡時，完全是因為不區分

鞋子的緣故，取得好的鞋子，在適當的時候穿，而且不可以急忙隨便將鞋子套上。確保鞋子不太緊也不太鬆，當你的腳乾燥脫水，發熱而造成不適，就會起水泡，這時鬆開鞋子的束縛，再次讓腳降溫，以合適的姿態休息。

《旅行用心集》

不久，我坐在一個小診間，讓年輕的齋藤（音譯）醫師檢查我的雙腳。水泡之大、數目之多顯然令他嘆為觀止，但他還是向我表示沒問題，並建議休息一整天。然而在仔細檢查過左腳大拇指的老繭後，他有點好奇是怎麼發生的，又問我有這老繭多久了，我解釋我在邁阿密練劍道，他點頭表示理解並笑了出來，護士露出疑惑的神情，於是他起身想像自己抓起一把竹劍，穿著白袍、脖子上掛著聽診器，繞著小診間疾走兩三圈，用正確的方式蹬左腳。「大學時代，我可是黑道三段的呢。」我們都笑了，我跛著腳走到等候室，看到市川先生正納悶那蹬腳是怎麼回事。「技術高超，」我解釋。之後我們到當地一家印度餐廳，吃了菠菜、雞肉扁豆咖哩和芒果汁，聊了一小時關於我們一起爬山的回憶。回到車站，真誠道別後返回木曾福島，不到兩小時我就回到更科屋，我又多洗了並且烘乾幾件衣服，泡了舒服的澡，當晚強和名古屋的工人們都離開了，我獨自吃了晚餐，就上床睡覺。

御嶽山：標高一〇〇六七英尺

標高一〇〇六七英尺的御嶽山，矗立在距木曾福島不遠的地方，也是日本的聖山之一。雖然只能在木曾路的幾個點上遙望到這座山，但其實它在人們心中佔有絕對地位，存在於古道沿線崗哨鎮民的生活中。夏季的月份，通往各個山峰的步道上，可見到三三兩兩身穿白衣的朝聖者，他們一面爬山一面祈禱，將走路作為宗教儀式，住在日本其他地方的人，很少能從自家徒步到山腳下，大部分的人都乘車或巴士，到通往山頂的登山步道口開始爬，只要到木曾福島的火車站，就能搭到這類巴士或出租車，車程約四十五分鐘至一小時。

一九七九年十月初，經驗豐富的登山家市川先生邀我去爬一天御嶽山，我立刻答應。當時我住在更科屋，用完早餐後他開著小巧舒適的鈴木轎車來接我，那天天氣晴朗，以九月來說算是冷的，車子沿著山腳行駛，我們聊到御嶽教的起源。

根據市川先生的說法，御嶽教不算是集中式的組織，而是分成許多「講」，每一講由一組領導者和次領導者帶領，經常伴隨一位巫師。他進一步解釋，「信」對這個宗教來說不如「行」來得重要，而行則不外是對山神的敬拜、念誦各種經文以及登上御嶽山。在某些時候，一組人登上山，個人可以問隨行巫師——這位巫師被其中一位神明附身，並受一位僧人的引導——有關對他們自身非常重要的問題，這些都是深度的宗教體驗，巫師被附身過後通常身心極度疲憊，在前往車子停靠點，也是步行起點的開田高原路上，我們經過數個小而乾淨的墓地，裡面有信徒的靈。

登山口所在的開田高原有一間大型水泥建築，裡面有舒適的長凳、桌椅、點心和咖啡，可以欣賞御嶽山四大山峰的壯觀美景——這座至少七世紀就開始受人膜拜的山。直到十八世紀被修行者覺明「開放」之前，只有出家人能登上御嶽山，他若是知道今天的人登御嶽山如此方便，肯定會驚訝不已。

先別管覺明會怎麼想，市川先生和我把車子留在停車場，登上階梯到休息站，犒賞自己一杯咖啡提振精神，出口旁邊的告示牌鼓勵大家使用設施以免汙染聖山，這不光是為了步行者的舒適，御嶽山教的修行者相信，他們在山上親身經歷的自然現象，包括岩石、草、樹甚至雲和風，都是神明和佛菩薩的住所，也是祂們所創造，這是發自內心的真誠信念，不可輕忽。

我們洗完手便走了出去，身上唯一的配備是攏了水罐和米果的輕便背袋，開田高原的步道一開始是充滿岩石的緩升坡，不久就變得愈來愈陡，矮小的樹木將路包圍，樹根有時可以供腳踩以免滑倒，不遠處有個小型的木造結構體，一位師父販賣各種護身符、寶物和描繪山神的卷軸，我買了其中一幅，小心翼翼藏在背包裡。我們一路攀爬，有時會和身穿白衣，人數或多或少的朝聖者擦身而過，有年輕人也有年長者，大家都相互打氣，說道：「甘巴爹！」沿著步道繼續走，遇到五、六位朝聖者正在做手印（用手指打出象徵性的符號），口中念誦咒語，在沿路眾多的神龕拍手引起神明的注意。幾百年來，御嶽教從融合古代對山的祭拜、神道和佛教的密續發展而來，它們的影響在各個地方明顯可見。這裡有座神龕供奉神道的神祇，遠一點的神龕是祭拜一位佛教聖者，再過去則是修驗道的創立者役行者的像，或許最突出，儘管不見得最大的，是供奉不動明王的神龕，祂是大日如來的化身，右手持刀斬斷人的無明，左手執索繫縛嗔怒，御嶽教融合神道和佛教，不動明王和天照大神——孕育日本天皇的太陽女神——有神秘的關聯性，因此走在這座山上的幾乎每一步，都帶有某種神秘的宗教色彩。

「甘巴爹內！」

我們兩人繼續走，有時會遇到其他的登山客和朝聖者，一兩次是和三、四人成群的八旬老嫗打照面，她們都穿得一身白，拄著拐杖，背帆布背包，微笑著幫我們加油，之後就消失在下一個轉彎處。

我們在沒有朝聖者膜拜的神龕暫停，虔敬地向神明拍掌，這裡已經看不到矮針葉樹和松樹，我們在湛藍的天空下，踏著岩石構成的地面一步一腳印地前進，經過大約四個半小時，終於來到古時候的火山口，一股酸味在空氣中久久不散，我低頭看向隕石坑，才總算明白原因。原來硫磺蒸氣像雲般從隕石坑的三、四個地方冒出來，製造一種地獄入口的視覺效果，我緊張地問市川先生，這座「休眠」火山會不會有那麼一點不安分，他笑著告訴我，有史以來從沒爆發過，地質學證據顯示，最後一次火山活動已經超過六千年，從地質學的時間來說，我不認為六千年是個讓人放心的數字，於是暗示我想下山，但我們沒有，而是先爬到山頂最大的神龕，向山神膜拜後（你可以想像我的祈禱詞是什麼內容），才慢吞吞往下山的路走。

開車回客棧的途中，市川先生說到御嶽一帶的動植物，他說有些植物被採集製作成百草丸，能治療頭痛、宿醉乃至胃病，據說百草丸很有效，我們到當地商店各買了一瓶，至於動物，最有意思的應該是住在御嶽山基部一個小池塘的鯉魚了，由於生活在充滿靈性的環境中，這些鯉魚長壽到不可思議，其中一隻叫做花子的鯉魚，於一九七七年以二二七歲過世，成為有史以來最長壽的脊椎動物，我問市川先生能否順道去那池塘喝一口池水，可惜不會經過。

回到更科屋，我們合喝一瓶清酒，吃著峰子準備的美味晚餐，聊早上的事，之後市川先生開車回家，我好好泡了個熱水澡，然後鑽進被窩睡覺。

兩個星期後，我回到邁阿密的家，在凌亂的書桌前喝咖啡。我拿起報紙，一篇文章引起我的注意。十月二十八日，被認為休眠的御嶽山爆發了，濃密的黑煙如雲朵般直上天空，預計火山活動將持續一段時間。我看著牆上掛的不動明王和御嶽山神捲軸，念了一小段感謝的祝禱文後，振奮起精神開始工作。

幾年後，我回到木曾，再度來到更科屋住宿，房間傳來敲門聲通知吃晚餐，但這次不是峰子，而是她的老公安藤先生（峰子明白要求我稱呼她的名字，但安藤先生比較沉默寡言且內向，喜歡我以姓稱他）。他說晚餐準備好了，又說晚上當地御嶽教的寺廟有法會，問我想不想參加，他本人雖然是巫師，但不能出席，因為第二個孫女剛出生，出席法會會觸犯禁忌，我說我非常樂意參加，然後跟在他後頭來到餐廳。

晚上餐廳很擁擠，為了方便起見，峰子安排我和在場唯一的另一位老外坐在同一桌，一位五十開外的美國人，他說他是旅遊作家，正在準備撰寫一篇關於木曾的文章，雖然他幾乎不會說日文，而且對當地食物似乎頗有意見，但他還是勇敢地走了幾段中山道。我立刻告訴他有關寺廟的法會，鼓勵他一起來，他並不怎麼感興趣，但在我堅持下，我們用完餐後就坐上安藤先生的車子，前往崗哨鎮郊外的寺廟，不久我們在寺廟門口下車，親切的安藤先生說，法會結束會來接我們。

百間滝寺是木頭和磚造的建築，屋頂鋪設灰瓦，規模並不大，不及星布在中山道上幾座優雅的禪寺和神社，廟裡的地上放了坐墊，頂多可供四、五十人坐，今天晚上的講台上，連同兩尊開山者的木造大型深色人像，是一大堆多邊形的杉木板，每片杉木板約一英尺半長，一英吋半的長方形，在這堆木板上吊著神聖的白色摺紙，象徵神道的神聖不可侵犯。

我們進入廟裡，每個人拿到一件象徵心靈純淨的白色外套，和一片杉木板，這是淨化的儀式，美國友人和我被帶到坐墊前排，每個坐墊上有一本經文冊子以中日文寫成，法會過程中需要念誦。不多時，最晚到的群眾也就座了，一位身穿白袍的法師和他的隨從登上講台，於是念誦開始。一開始只有法師念誦，隨從們吹著海螺，敲擊小鼓，之後全體加入，念誦也變得愈來愈快、愈來愈急。突然間，杉木板被燒成一大團篝火，法師似乎進入出神狀態，念誦聲也隨之響亮，我盡最大能力跟著唸誦不熟悉的經文，然而速度愈來愈快，最後終於來到我熟悉的《心經》。我瞄了瞄同伴，看得出他雙眼發直，感覺不只是那麼一點點的不自在。

整個法會過程中，參加者將拿到的杉木條在身上不舒服的地方摩擦，例如頭痛或擔憂就摩擦頭部，胃痛就摩擦腹部，視力問題就摩擦眼睛周圍，我們跟著念誦的時候，我一直用木條摩擦左腿，希望能緩和這趟徒步旅行造成的跛行。

現在隨著念誦的速度愈來愈急，每個人依序走上講台向火行禮，把棍子扔進熊熊火焰中，接著法師會輕聲說出對每個人靈性上的建議。輪到我時，我爬到火的前面，敬禮、把木條扔進火裡，然後屈身朝向法師，他在我耳邊低語：「小心別感冒了呦。木曾相當冷的。」他很體貼，但這不是我所期待的，我鞠躬用膝蓋爬回坐墊，下一位輪到我的同行友人，但當我示意要他上前，他搖頭拒絕。我再度鼓勵他，結果得到同樣堅定的回答，我向負責引導的人解釋，說他不想參與。引導的人給我一個滑稽的表情後，就去帶下一位民眾，我則是回過頭來加入《心經》的念誦行列，幸好整個淨化儀式不斷重複念誦的就是《心經》。

最後，火焰熄滅了，法師簡短開示後，寺廟又恢復空無一人，安藤先生在外面等我們，他開車載我們回客棧，我們聊到剛才的體驗。就在上樓回房間之際，我問我的美國同伴——他看起來似乎還有些僵硬和沉默——為何不加入，畢竟這是從內部撰寫旅行文章的大好機會。「不，」他說，「我是聖公會的信徒。」說畢便關上門。

回到房間後，我難以入眠。我感到一種被洗淨的奇特感覺，即使已經快到午夜，我卻充滿能量，我坐在和室椅上思索晚上的經過，我想知道的是，只要是有療癒效果而且是良善的，拜什麼有差別嗎？窗外木曾河的河水形成一個個漩渦，流向遠方的大海。

水泡消了一些，我開始後悔起今年沒辦法登上御嶽山，但還是慶幸自己有休息。木曾福島在木曾路的半途上，雖然我沒有打破任何速度的紀錄，但我很高興能有一天的時間喘口氣。

電視氣象報告預測今天晴朗，並且溫暖得超過這個季節應有的溫度，之後的節目是關於咖啡達人和比賽，我看得津津有味，想起第一次到日本時丟臉的泡茶課。我住的公寓附近也住了幾位佛像雕刻家，還有一間公共浴室和一位中年男子經營的茶店，老闆缺了一顆門牙，留著當時還沒有流行的三日鬍。我走進他的店裡，請他拿出最好的茶，結果得到的是一陣白眼和以下問題：「你知道怎麼泡茶嗎？」我有點驚訝，答道：「當然知道，就把水煮滾，然後倒在茶葉上。」語畢，他請我等一、兩分鐘，用鑄鐵壺耐性把水煮滾，接著讓水冷卻到能用手掌觸碰壺底，把最高級的玉露茶裝進一只小茶壺中，然後把兩三口分量的水倒入瓷器的小茶杯裡。「不要大口喝，」他知道這正是我接下來打算做的事。我慢慢喝光杯裡的茶，感覺不到任何味道，直到一種說不上來的餘韻似乎從我的後腦門竄上來。我目瞪口呆，為我的自以為是道歉，並謝謝他花時間給我這麼難得的體驗，買了一小袋適合我的茶葉每天泡來喝。我欠身走出店門，他對我投以禮貌的微笑便繼續工作，這是我第一次、但不是最後一次了解到，日本人對於看似稀鬆平常的事極度用心謹慎，包括泡茶和泡咖啡在內。

又捨棄幾件多餘的衣服，重新打包背包後，我下樓到大廳，在那裡遇到吉妮．塔普蕾．竹森（Ginny Tapley Takemori）和她的先生忠志（音譯）。吉妮是我在講談社國際公司（Kodansha International）的編輯，現在是譯者也是作家，忠志在東京北部的一所大學擔任物理學教授，兩位都熱中徒步旅行，吉妮聽到我要來日本走路時，便自願來陪我兩天，我很高興有這麼愉快的旅伴，同時也擔心我可能拖累他們。我解釋雙腳的狀況，但他們不以為意，用完了峰子提供的茶和餅乾後，我們向老闆道謝，便走上木曾路。

離開木曾福島的路很快就連上了國道高速公路，河水在我們右側快速流動而發出很大的聲響，挨著河的群山充滿各種色彩，空氣依然冷冽而清新。

這段木曾路跟其他路段一樣和高速公路分流而平行，我們三人甚至發現有些小路在久遠前曾經是原始道路的一部分，經過一小時的徒步，我們遇到一個狀況——高速公路正在修復中，護欄上串起一百多隻足球大小的黃色小鴨作為識別，於是我們轉進一條小路，木牌標示這是「舊中山道」，我們發現一條通往幾座菜園的小徑，一直走會來到一個小神龕，裡面供奉著幾乎難以辨識的馬頭觀音像，這是敬獻給木曾義仲的愛馬的。據說這匹馬聽得懂人話且非常強壯，當義仲下指令要牠飛越懸崖時卻錯估距離，但這匹馬遵照義仲的指示，最後因為義仲的失誤而跌落谷底死亡。義仲哀傷不已，於是造了這座馬頭觀音神龕，祈禱牠早日成佛，在這小而莊嚴的神龕旁有個告示牌，寫著原始的神龕設置在距現址約一英里左右的地方，後來原封不動隨著中央線的興建而搬到這裡。

沿國道又走了半小時後，我們來到另一個「遙拜御嶽山」的地點，但這時雲層聚集，看不見聖山。儘管如此，還是有幾位朝聖者停下車膜拜，合掌扣著念珠，凝視遠方，我看著這些人虔誠的樣子，再次後悔沒能登上御嶽山。

最後，河岸邊的山崖愈來愈高，我們來到木曾路上最有名的吊橋，這條橋並不是跨越河流，而是與斷崖平行，沿人行步道前進。從一四〇〇至一四一〇年，木曾河沿岸有一條新路開通，據說這是將三百五十英尺的木板用藤蔓和繩索連結起來，沿著斷崖垂吊的。多年來這座吊橋經過數次整修，一五九九年豐臣秀賴下令一位將軍從事大整修，就成為這條令旅者膽寒的橋，在通過時雙膝止不住顫抖。

一六四七年四月，一位旅人在過橋時，不小心將松木火把掉在地上而把橋燒個精光，後來山村氏和千村氏接到尾張藩的指令和金錢，沿著山崖替橋修建石牆，次年完工。即使到今日，山崖壁雕刻的字跡依舊可見，寫著：「這座石牆於一六四八年六月竣工。」無論是不是石牆，肯定都讓走過它的人嚇得心驚膽跳，詩人芭蕉於一六八八年五十四歲時走過這座橋，寫到：

吊橋啊！
生命與藤索和蔓生植物
交纏

他的門生越人也寫到：

吊橋啊！
最先想到的
是半途遇上馬

一七四一年，這座橋再度經歷大規模整修，一八七九年一位伊勢屋傳兵衛在對岸造橋，從尾張和美濃前往御嶽山朝聖的人們必須付費才得以過橋，這座橋仿效京都三条大橋，扶手是採取中國唐代的繁複風格，橋本身有一九〇英尺長、十一英尺寬，可惜在一八八四年七月的第十六天被洪水沖走，行人只好再度採取困難的方式乘船渡過。

然而到了一九一〇年，在被水沖走的那座橋的同一地點，一位平民百姓建造另一座橋，採用鋼索這種最新的營造技術，過橋費為兩錢。四十年後這座橋被認為安全堪虞，當局在同一地點以同樣的設計建造了一座新橋。目前的橋於一九六三年興建，帶著吉妮、忠志和我進入木曾路另一端。

這一帶盡皆年代久遠的胡桃樹和松樹，路上掉落沒有爆開的胡桃果實，矗立眼前的是一座大型石碑，這是由海軍大將東鄉平八郎捐贈，特別註記明治天皇曾經停留此處休息，這裡還有兩塊紀念石刻有芭蕉和子規的俳句，讓人驚訝的是，健康狀況一直岌岌可危的子規，竟然承受得了木曾路的嚴峻。

一八八一年，二十五歲的子規來到木曾路，在他的《吊橋記》中寫到：

就在那時，我的木曾之旅下起初夏的陣雨，我走出客棧外，雨暫時停歇，我趁機會快步行走，依然被短暫的陣雨追著跑，我在樹下喘口氣，這時雨卻又停了。我繼續走，被雨耍得團團轉，直到來到吊橋。當我看見兩座山崖是多麼艱險，被砍斷四、五十英尺高如屏風般，苔癬似乎從開天闢地以來就在潮濕的空氣中生長，淡綠色的苔癬和杜鵑花散布各處，這情景若是能讓狩野畫派或土佐畫派的藝術家來描繪就好了。往前走一步向下看，初夏降雨助長的水勢形成漩渦，被水氣聚集的雲霧穿透，發出的聲響因遇到巨大峭壁而回傳，我回到茶屋，坐在折疊凳子閉上雙眼，大地繼續震動了一會兒。

為了向古老的芭蕉紀念碑致敬，我走上這彩虹般的小橋，彷彿漂浮在蒼穹之中。我的腳跟有點兒冷所以走不穩，但我環視四周，看見舊吊橋的蛛絲馬跡。我以前就知道這地方，但如今有石頭堆疊，往來就不用提心吊膽，古時候這裡必定糾結纏繞籐索和蔓生植物。

吊橋啊！
在這危險的地方
山杜鵑

吊橋啊！
河永遠不滿
初夏的雨

許久以前
誰會跟隨雲朵來去？

但我將一試
在木曾的吊橋上

距舊吊橋約一點五公里處，是木曾河和新茶屋河的交會處，明治時期這裡有一間彌生茶屋，旅人會來到這裡喝茶，品嘗當地美味的蕨餅，於是就有了以下的故事。

很久以前，新茶屋河岸邊有一間彌生茶屋，有一天一位化緣僧來到這裡喝杯茶歇歇腳，這時有個男人路過這裡，進來和茶屋的老闆說話。
「我說啊，您看到沒？有塊浮石又漂在河的下游處了。」
「當然看見了，」老闆答道。「如果沒再發生不好的事，算我們走運。」和尚聽到這些話，立刻問道：「請問這家店和浮石跟壞事有什麼關係？」
根據茶屋老闆所說的，有一顆石頭從吊橋沿著河漂流到寢覺之床，而當你開始納悶時，這塊石頭立刻回到吊橋那裡去了。老闆進一步解釋，當這塊石頭出現在河裡時，一定會有人溺水，要不就是會發生不幸的事。

和尚接著問：「多年來，我一直是苦修的行腳僧，卻從沒聽過這種事。我會用我修練獲得的力量，設法阻止這塊石頭。」

說畢，他從腰際取出筆墨，在厚紙條上寫下這首詩：

連結橋與茶屋的線縷

不再使浮石流動

「橋」和「茶屋」都使用暗號，以幫助符咒生效。

於是就如和尚說的，當他一寫下這些字，一根看不見的線伸了出去，這顆奇怪的浮石就再也不會浮在水面順流而下，村子裡也不再發生不幸的事件了。

據說，這顆石頭至今還在鬼之深淵的上游。

我們在俯瞰河的小路上，走過一條廢棄的舊窄軌鐵道，走進上松。火車站對面有一家不錯的小餐廳，我們走進去點了壽司和啤酒，以提振精神。由於上松算不上是個國際化的城鎮，餐廳老闆看見三位客人當中，兩位是會說日文的外國背包客時有點驚訝，他以微笑歡迎我們，而且在我們步入店內前，似乎就知道會點冰啤酒。不一會兒，我們三人為一整天的步行乾杯，很快吃完壽司，便直奔堺重旅館，迎接我們的是七十九歲、笑容可掬的女將，堀田太太。

路程時間：十公里（六點二五英里），三小時

木曾海道六拾九次之内
草津追分
廣重画

下木曾

上松・須原・野尻・三留野・妻籠・馬籠

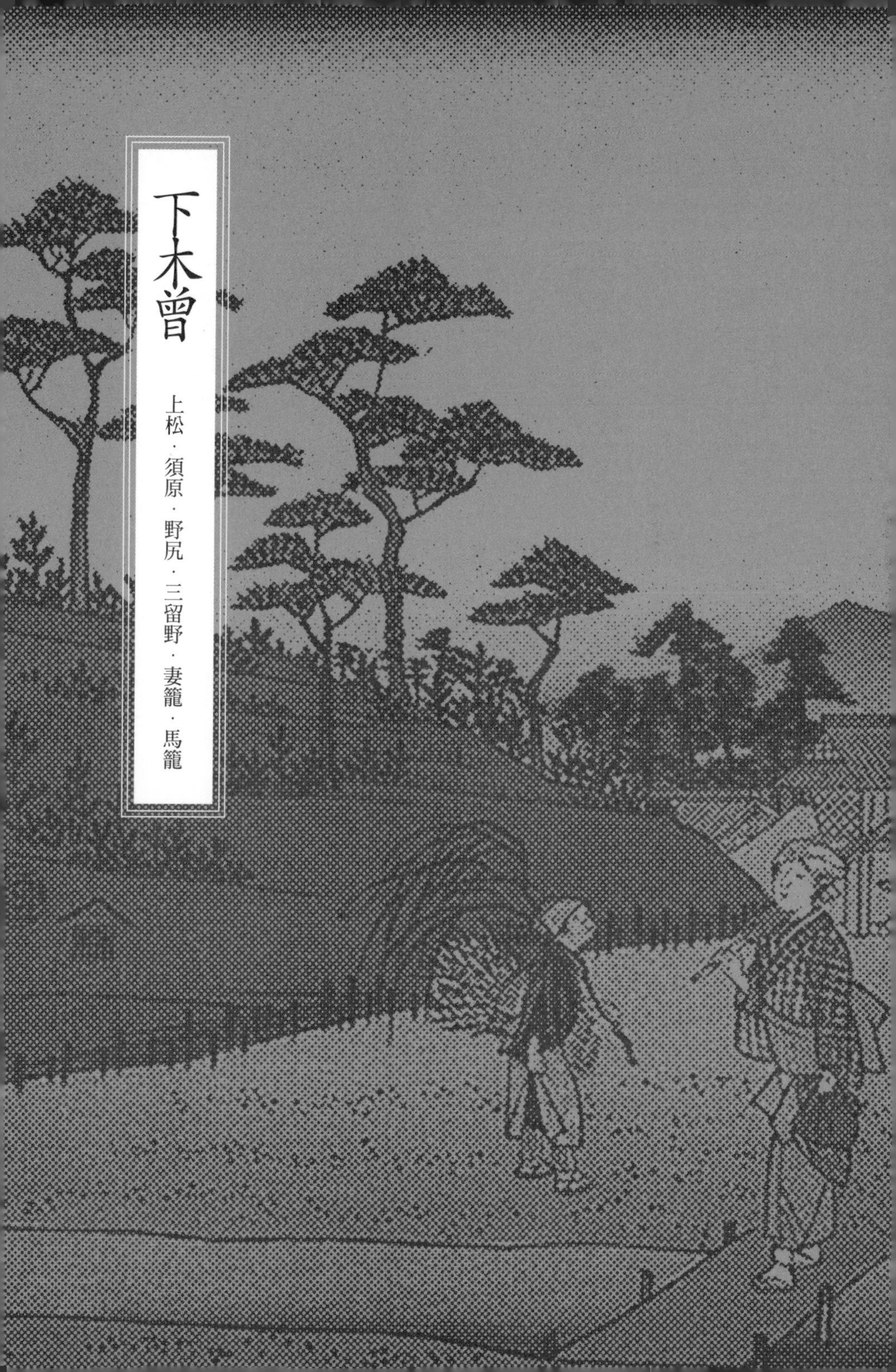

第9章 上松（標高二一七五英尺）

河水不捨晝夜，前水非後水。漩渦上的浮沫忽滅忽現，沒有一個浮沫是永遠。人和其居所也是如此……因此，人和其居住的地方要對抗無常，好比朝顏上的露水。露水滴落花雖在，卻在早晨的太陽下枯萎。又或許花凋謝而露水雖未消失，卻等不到夜晚到來。

《方丈記》

上松自古就是個繁榮的崗哨城鎮，貝原益軒認為這裡的風景「美到不可方物」，而當時的上松是在尾張藩的治理之下。傳統上，這裡是「木曾五樹」的集散中心，所謂的木曾五樹，指的是檜、椹、明檜、高野槇、𣜌。目前木曾半數的柏樹都採集自這裡，這一帶充滿樹的香氣，以往木材被紮成木筏，沿木曾河漂浮到名古屋，如今用卡車和火車運送，紅棕色樹幹的大型樹木被堆成一大堆，佔據人的視覺和嗅覺感官，或許由於木材無所不在，上松多次經歷火災，一九五〇年的大火幾乎將整個鎮吞噬，因此這裡絕大多數都是新建築，只剩下幾個人們意想不到的景點，還保有昔日崗哨鎮的氣氛，因此幾乎無從得知，過去的這裡是多麼生氣蓬勃，擁有超過三十間旅店。一首流傳至今的古老兒歌是這麼唱的：

當你路過福島
你路過廟宇
當你路過上松
你路過倉庫
當你路過須原
你路過打零工的

來到堺重旅館後，我和吉妮、忠志住進傳統和式的客房稍事休息，這家客棧從明治維新以來就由崛田家族經營，一八九〇年代末英國知名的外交家、語言學家同時也是登山家恩斯特．薩托（Ernest Satow）（譯註：英國的日本學家，漢名為薩道義，日本名為佐藤愛之助）曾在這裡過夜，當時客棧的所在地和現在略有不同，是在興建高速公路才遷到現址。

歇了不到五分鐘，崛田太太就提議帶我們走到玉林院，這是建於一五七九年的臨濟宗寺廟，雖然白天的行程令我們疲累，但還是立刻起身，來到一條屬於舊木曾路的狹窄便道。這座廟只剩下美麗的大門屬於原始的廟宇，其餘部份是於一五九〇年被燒毀後重建，很新而且壯觀。大殿對面是千觀音堂，這間小佛堂目前供奉六七〇尊觀音像，每一尊都是鍍金，約一英尺半高，全都放在佛堂的三面牆上，雖然裡面沒有電燈，但整體效果是光輝耀眼的，這空間是要讓人感覺觀音將慈悲遍照宇宙，而人所需要的也就是這一盞燈。

經過一陣子，我們被領進大殿後的房間，裡面擺了上百個牌位，每個牌位屬於一個家族及其祖先，住持的任務之一是為亡靈祝禱，而這些亡靈的子孫會在特定日子來廟裡參加法會（並且捐香油錢），目前的住持為第十八代，和崛田太太是遠親，年約四十出頭，他親切地帶我們參觀，還請我們吃紅豆餅和茶。就在我們鞠躬道別時，他優雅地送我們每人一本木曾路上禪寺的寫生小冊子。

好好洗了個熱水澡後，來到小飯廳吃晚餐，崛田太太端出一如往常的大餐，有鮭魚、河魚、清酒煮白蘿蔔、青椒、味噌湯和很多啤酒，十幾年前我第一次跟內人艾蜜莉下榻於此的時候，崛田太太告訴我們說，她喜歡史蒂芬·佛斯特的歌曲，我們三個人唱著《老黑喬》(Old Black Joe)等好聽的歌曲一個多小時，崛田太太不時咯咯地笑，擔心發音不標準。雖然她完全不會說英文，但咬字非常清晰，歌聲婉轉動聽。

堺重旅館於一八八〇年開始經營客棧，在此之前是布服店，一九五〇年的大火將堺重旅館連同其他六百間屋子燃燒殆盡，崛田太太當時年方十三，從她位在御嶽山附近的家看見火光。後來她嫁到上松，儘管曾經被認為是這一帶最好的客棧，但如今她的先生已經過世，一旦退休將後繼無人，屆時客棧將面臨永遠歇業的命運，經營客棧不是件容易的事，哪怕是只有幾位住客，既要接待、準備餐食、洗床單，還要日常打掃，老闆或女將永遠最早起、最晚睡，沒有幫手的時候，必定令人心灰意冷。近來木曾路上有愈來愈多有趣的事物，但客棧卻愈來愈少，除了像奈良井、妻籠和馬籠以外。我們問崛田太太，在上松和宮之越這類從以前就比較不吸引人的城鎮，該如何振興觀光，但她只是以充滿希望的微笑作為回答。孩子搬到外地不回來了，沒什麼人對經營這種工作吃重的事業感興趣。

值得一提的是日本廁所的細心體貼，這對外國遊客來說永遠是個關心的話題，當然，橢圓形陶瓷便盆甚至崁地式便盆還是有的，而比較現代的便盆竟然有噴水的機關，有些只是在地上挖一個深深的坑，四周用水泥糊起，但堺重旅館也有西式馬桶，一走進小小的廁所時，馬桶蓋會自動掀起而不必接觸，另外還有個像是噴射機飛行員面前的儀表板，上面的按鍵控制（一）蓋子的開闔（二）「大」、「小」兩種噴水模式（三）盆浴以及（四）選擇用水洗淨還是熱風。比較不敢冒險的人也可以用衛生紙，儀錶板上還有其他按鍵，但我總搞不懂是用來做什麼的，我也沒問。有人告訴我，有些人家的廁所直接連結到診所做尿液分析，但這或許只是都市傳說，在古老和現代生活並存的日本，這些事並非難以想像，即使在木曾路上。

早晨，我們三人向永遠笑容可掬的崛田太太道別，由於她身高僅五呎，鞠躬時頭幾乎碰到地面。我們走到馬路對面，爬上很陡的階梯再度回到木曾路上，這條狹窄的路帶我們來到一所國小和周防廟，穿過住宅區，跨越中澤橋，來到見歸這個小聚落，以下是關於這裡的故事：

很久以前，大約一四六〇年代，有一位醫師名叫川越三吉（音譯），來自武藏國的川越藩。他去明代的中國研讀醫術，回國後在京都定居，晚年遷居木曾，在這裡度過餘生。他有時在寢覺之床垂釣，有時到山裡採藥草，過著優閒自在的生活，這位老人三度離開這裡，但由於無法忘懷自然風景的美和生活的閒適，於是三度回來。由於這位老人三度回來，於是這地方就被稱為三歸，但現在以同音字見歸為人們所知，意思是回來看看。

雖然川越三吉是歷史人物，但是關於他在世的一五五五—一五五八及這個故事發生的期間缺乏一致說法，或許他也跟浦島太郎的故事（以下說明）有某些關聯。

見歸一帶還有一棵巨松，直到明治時期都長在舊公路的土地上，據說早在三吉老人的年代就存在，在一八七六年的插圖中被稱為老人松，樹幹周圍用宗教的繩索裝飾，當松樹被砍倒時，鄰近一帶的人擔心會發生不好的事，果不其然很快就爆發了致命的瘟疫。見歸的人民立刻聚集念誦阿彌陀佛的佛號——這是淨土宗和淨土真宗的咒語——而這就是見歸念佛會的由來，至今依舊活躍。

離開見歸後，我們走一小段路來到一排舊的木造建築——越前屋（從古早時期就很知名）和TASEYA（直到最近仍是一間民宿）——充滿古中山道的氣氛，這是寢覺的北邊，關於這裡，一七五六年出版的《岐蘓路安見繪圖》只簡單寫到：「有個暫時歇腳的地方叫做寢覺村，以蕎麥麵知名。」跟這裡有關的另一段引文，是十九世紀十返舍一久的小說《續膝栗毛》，書中非正統派喜劇主角彌次和喜多正要從野尻前往上松，然後

> 他們來到寢覺，名產是蕎麥麵。他們在月前屋看見一位小姐，便譏諷道：「不光是蕎麥麵，這位小姐長長的鼻毛，會讓旅人嚇得

停下腳步。」

我們轉進介於越前屋和TASEYA之間的街順著坡往下走，來到一六〇八年德川家康排行第九的兒子義直下令興建的臨川寺，一八六四年，整間寺廟除了供奉弁財天的佛堂外全都付之一炬，次年重建。一九七一年，主廟和師父的禪房恢復原狀，只是少了以往建築的迷人之處，旅人從古早以來就會在這裡投宿，江戶時期的大名會在這裡歇腳過夜，寺廟周遭有幾塊石碑，其中兩塊雕刻了芭蕉和横井也有的俳句，紀念他們的到訪。

我要在山之床
與朝顔
一同午睡

—芭蕉

驚訝到無言問船夫

初夏之風
吹過綠葉
——也有

還有一首俳句是正岡子規所做，但這是在他通過馬籠山隘，離開木曾谷被群山包圍的六十六英里長隘道時做的，記錄在他的《棧之記》中：

白雲啊！
綠葉、嫩葉
三十里

走過廟後我們來到一條軌道，這條軌道俯瞰寢覺之床的深谷，也是整個木曾谷最有看頭的景點之一，河流穿過看似花崗岩的巨大裂隙，而整塊花崗岩是從谷底突出地面。水流在某些季節會比較湍急，發出響亮的水聲，波浪濺在沿岸巨石上，有時又沉默寧靜，無聲流經水道，直奔下游的淺灘。每一塊岩石根據其形狀的比擬而得名，例如浦島神社後面的平坦岩石被稱為床岩，遠端的一顆岩石被稱為獅子岩，另一端的深谷所在地，山崖上有「舷窗」的地方被稱為「大釜」、「小釜」，山崖本身被稱為「屏風岩」和「腰掛岩」，對面海岸的山被稱為「床之山」。

大田南畝寫到這些岩石：

岩石有各種形狀，名字包括象岩、俎岩、屏風岩、獅子岩、疊岩等，但無法真正以肉眼區別其差異，對岸有幾塊參天巨石，長著矮小的松樹，水聲穿透山谷，應該能淨化浮世之塵勞。

山頭火坐在這裡思忖眼前風景，他的念頭或許比較浮世一點。

我的盒餐
吃完
在寢覺之床

意外的是，沒有橋能跨越深谷，理由如下：

多年前，經過村民集體討論，蓋了一座通往對岸的橋。當橋完工，村民過橋時，發生了一件怪事：一陣漩渦捲起，木曾的流水突然像鏡子般，只要低頭看水，就會看到一顆偌大的牛頭浮上水面的恐怖景象，導致沒有人願意過橋到對岸。在那之後，再也沒有人想在那裡造橋了。

另一個神祕故事，也和這動人美景有關。

寢覺村民每年會奉獻一位少女，給住在寢覺深處的守護靈。沒有獻祭的那幾年，農作物不生長而導致沒有收成。有一次，一對老夫婦心愛的女兒被指定做為某一年的祭品，絕望之餘便去找一位住在附近的苦行僧商量，苦行僧建議他們把野豬的胎兒作成小球，先用油煎再用紫藤綁，以一大堆球作餌來釣這個靈。最後，他們拉出一條六尺長的蠑螈，解決了每年獻祭的問題。

無論是蠑螈或者什麼，吉妮和忠志決定爬下階梯到岩石所在地，把那裡看得更仔細點，我之前去過幾次，但考慮到腳上的水泡又開始向我抗議，於是在寺廟附近閒逛，看看刻了字的紀念碑，去稻荷神社簡單地祭拜，然後鼓起勇氣低頭盯著名叫姿見之池的淺水池。這裡又有一個故事，各種不同版本存在於日本各地。

很久很久以前，在丹波國的竹野郡，有個地方叫做浦島，那裡住一位名叫水江的大名，這位大名的兒子是個年輕人，叫做太郎。有一天，太郎乘一艘小船去鄰近海面捕魚，結果拉起一隻白色的大海龜，同伴舉起槳正要把海龜打死，這時被太郎阻止，將海龜放回大海。那天他們一條魚都沒有捕到，太郎把船划回岸邊正要回家之際，一位不知從哪裡來的美麗女子走上前來。

她深深一鞠躬，說道：「我是你剛才放掉的海龜，你救了我一命，我要來道謝。」於是她陪太郎來到龍宮，一個不老之地。不僅龍王，就連所有年輕的公主們也都在龍宮等著太郎，以誠摯的心感謝太郎救了她們的大姊，並且請他留下來玩。

太郎過著愉快的日子，把時間忘得一乾二淨。有一天，他聽到公雞啼叫，想起了自己的家鄉。突然間，他想回家的意念強烈到無法自已，於是請龍王准許他告辭。

「如果你回到家，覺得家鄉變得不再可愛，想要再回來，」龍王說：「我會給你一尊弁財天的像和一份萬寶神書，另外我要給你一個玉手箱，無論如何都不可以打開這個箱子。」龍王語畢，將禮物交給太郎。

太郎開心騎上龍王借給他的龍馬，回到了自己的家鄉。

太郎以為只過了兩、三年，想當然耳父母親依然健在，鄰居還在田裡快樂地工作著，但是當他回到家鄉環顧四處，卻驚恐地發現一個人都不認識，這些陌生人所聽說浦島太郎的故事，是三百年前某人有一天出海捕魚，之後再也沒有回來。

太郎嚇呆了。他打開萬寶神書，看到書裡教人如何在天上飛，以及長生不老的醫學建議。他一讀完這本書，雙腳就開始帶著他到丹波國的各處遊歷。

太郎的遊歷一再帶領他來到木曾路上的寢覺之床，周遭美景令他震懾不已，於是在寢覺這個村子落腳，每天到寢覺之床捕魚。有一天，村子裡有個老人，令他想起龍王給他的玉手箱，於是打開給老人看。突然間一片紫色的雲朵從盒子裡飄出，他整個人隨即變得消瘦，變成三百歲的老人，目睹這景象的人全都驚訝不已，太郎跑到附近的池水看自己的倒影，幾乎要暈了過去。從那時候起，這個池子就被稱為姿見之池。

後來，太郎用他從萬寶神書學來的靈丹妙藥治療人們，但是有一天，他消失得無影無蹤。

當村民去尋找老人留下的遺物時，發現弁財天的神像被遺留在床之岩上，他們在那裡蓋了一個小神龕，後來建的廟就是現在的臨川寺。

一對日本觀光客夫妻走過來，他們想知道我到底在姿見之池看什麼，我說我正在看自己幾歲，他們滿臉困惑地看著我，小心翼翼地再次往池子裡瞧完便走開了，剛好此時吉妮和忠志也從岩石那裡爬上來，我們再度爬上越前屋和TASEYA，右轉後沿木曾路穿過一片曲折濃密的樹林，最後總算來到國道高速公路和中央線，在我們左側被林子遮住的是小野瀑布（小野の滝），曾經被認為木曾八景之一，在《木曾名所圖繪》中的描述，也適用於今日的樣貌。

它的高度約三十英呎，直接流入木曾河。這座瀑布來自山谷，像一匹漂白的布料般沿峭壁往下流，一旁有不動明王像。

戰後學者同時也是政治家淺井清造訪這裡時，寫下這首詩：

宛若狂風
襲向松樹般的聲音
小野瀑布
清涼快速的水流

關於這秀氣的水花和水氣，當然也有個故事。

很久以前，波居原村民到山裡砍冬天要燒的柴，遇到一位美麗的公主，逃到那裡躲避追趕者。公主說明自己的處境，再三請求村民將她藏起來，別讓壞人找到，然而村民擔心遭到懲罰而拒絕，公主於是拿出幾枚隨身攜帶的金幣對村民說，只要讓她藏身就能獲得金幣，村民拿了金幣，卻斷然拒絕她的要求。

走投無路的公主於是往山上逃，躲在一座無名的瀑布底下，第二天她被追趕的人找到，由於不願意被活捉，於是縱身跳進瀑布而溺死，在那之後，瀑布就被稱為隠れ滝。

我們三人思索這故事，在不動明王像旁留下一點香油錢後便繼續上路，現在的木曾路再度一會兒是國道高速公路旁的步道，一會兒穿過樹林，一會兒通過古老的住宅區，這些住家看似早在明治時期就存在。最後，我們在高速公路旁，發現一間傳統麵店武城屋(音譯)，吃了一碗烏龍麵配當地生產的野菜，擺在漆器托盤裡端來。我們又累又餓，跟其他客人一起圍坐在長長的開放式火盆旁，開心吃完一頓數百年來讓旅人果腹的餐點。

現在木曾路彎彎曲曲地和幾條小路會合，穿過樹林，經過一些老房子，又過了一小時，我們便進入須原這個小聚落，我向吉妮和忠志道別，他們坐火車回上松再開車回茨城縣，他們一直是開心且見聞廣博的旅伴，我會想念他們。「給我一位同行的伴侶，」勞倫斯史登寫到：「哪怕只是影子隨著太陽下山而拉長。」這兩位不僅如此而已，但我們深深互相鞠躬，走上各自的路。

路程時間：十三公里(七點八英里)，四小時五十五分

第10章

須原

（標高一六五〇英尺）

抵達投宿的旅店時，要先問清東南西北，並確認無誤。接著，檢查建築物的結構、廁所位置以及前後出入口。我們從古時候就被教導這麼做，以防附近發生火災、竊賊闖入，以及爆發鬥毆。在客棧時，若是附近發生火災，把衣服和所有重要物品帶走，判斷風向、抓了行李逃生。別在意不必要的東西。在這時候，不要依賴客棧老闆的指示。

《旅行用心集》

進入須原，木曾路到處可見水船，這是將巨大木椿挖成中空的水槽，在「船」邊放置把手長達兩英尺的馬口鐵製長柄杓，供旅人在炎熱的天氣下解渴。這裡和木曾路上其他地方一樣，凡是被群山環繞的地方，水就成了不可或缺的存在，木曾河往山下流，和城鎮的主幹道平行，一七一五年河水暴漲，幾乎將整個須原沖走，因此之後移往較高的地方。根據舊有的記錄，得知在一八八八年的大火中，八十間屋子付之一炬，儘管這裡的氣氛與以往大不同，但沿著主幹道的一排屋子當中，還是有些保留了舊的建築風格。除了水船外，路邊還有水在流動的溝渠，以及刻著「水神」的小石碑。

現在是正午，我走下山，跨過木曾河來到「民宿ITOSE」，兩位福泰的女將出來迎接我，說道：「啊！四年不見了呢！」她們立刻帶我到寬敞乾淨的房間，有一張矮桌、電視、北邊和東邊的牆上各有一扇大大的玻璃推拉門，我把背包輕輕挨著櫃子的門擺好，喝幾口茶後，就出門去參觀廟宇，但在此之前先到當地的便利店，去喝我二十四小時以內的第一杯咖啡，接著回過頭再次渡河，閃過國道高速公路的車流（沒有背包比較容易），回到山坡上。返回中山道後，我右轉經過一個裝滿清澈山泉水的水船，很快便來到通往定勝寺的石階，這座知名的寺廟最初於十世紀興建，屬於天臺宗和真言宗，後於一三八七年重建，成為臨濟宗的寺廟，《木曾史略》中寫到：

根據該寺僧侶的口述歷史，這座寺廟最初是在河邊，一五六一年八月遭到大洪水沖垮，現在所在的地方叫做寺中島（音譯），在那之後石川備前之神滿義（音譯）將這座廟遷至木曾義成宅邸的舊址。

通往寺廟的石階歷經風霜，兩旁是高大的杉樹，訪客無法涉足的地方大多被苔蘚覆蓋，大門有兩層樓高，頂上用柏樹皮覆蓋，通過後會看到寺廟前面是鋪了白色碎石的廣場，和充滿秋色的丹楓。用木頭和白色灰泥建成的大殿在左側，住持的禪房在右側，再過去約三十碼有一座鐘樓，後面是滿山松樹、杉樹和柏樹。住持的太太坐在我右側的小辦公室裡，我付了少少的門票錢，她向我問好。我盡情飽覽這寧靜的風景後往大殿走去，跟大家一樣脫鞋進入佛寺，數百年來的僧侶和訪客將木地板磨得晶亮，高處的樑柱和屋頂被多年來的焚香燻黑，在我左側是一尊巨大佛像，那是高約八呎的布袋和尚，胖胖的身形，永遠哈哈笑的未來佛，這尊佛像於一九九二年用一塊木頭雕刻而成，他被其他小尊的布袋和尚包圍，前面的矮桌上有一份《心經》，也是佛教界中所有和尚、尼姑和百姓每天念誦的經文，《心經》旁邊是和布袋和尚有關的咒語，能清除七種障礙並創造七種快樂：「嗡馬他列呀娑瓦卡」。

我仔細抄下這個咒語，遵照建議在廟裡一面走，一面念誦七次。

這座廟占地之廣，也只有出了廟門，位在西側的花園能與之匹敵，花園裡當然少不了一座池塘、楓樹和松樹，但也利用借景技術，也就是遠處木曾谷的山。整座花園的一草一木不僅是人親手種植——草木外圍是一座有低矮屋頂覆蓋的泥牆——也把自然界賦予的元素具體呈現。

我曾經前來定勝寺看大型鑄鐵鐘，其名為大梵鐘（Mahabrahman），我在一八〇三年的指南書上讀到，這座鐘上刻了一首中文詩，我只讀得懂其中一句：「我在一百零八聲鐘響中醒來。」希望師父能解釋給我聽。這座鐘懸掛在低矮屋頂的塔上，鐘的底部大約到我的頭頂，根據指南書，這座鐘會在早晨和晚上響起，將婆羅門清澈優美的聲音傳送到虛空，進入廟裡買了門票，我向住持的太太問及這首詩，她去請出她先生向我說明，可惜他完全不知道，也無從問起，於是我走上前去，把鐘和那神秘的文字瞧個仔細，正當我準備離開時，住持打電話給八旬的老住持，我們兩人便走回到鐘塔。這時天氣開始下起雨，我們加快腳步，我盡最大努力把傘撐在老先生的頭上，他是一位開朗的小個子師父，身穿非正式的藍色長褲和藍色上衣，完全不在意被雨淋得一身濕，他的父親在四年前以九十七歲高齡過世，他的孫子三歲，已經學會靜坐和念誦經文。

可惜他說，他在此之前從沒有注意到這首詩，現在近視太深看不清楚，不過他倒是把磨得光亮、用繩索水平懸吊的鐘槌往後拉，念道：「一、二、三」，大大的鐘槌往前擺動敲響大鐘，低沉的聲音迴盪超過兩分鐘，似乎連遠方群山都被穿透。撞鐘前，他鞠躬並重複一小段唱頌表示敬意，我們靜靜聽著回音，小雨還在下，我陪他走回廟裡，在路上，他解釋原本的鐘被軍隊徵收，將鐵用在一九四〇年代的戰爭中，懸吊在鐘塔裡的那座，是由人間國寶香取正彥於一九六五年鑄造。我向他致謝並告辭後，發現他還站在廟門口，以單手合掌的姿勢鞠躬，直到我走出大門。

回到民宿ITOSE，我坐在坐墊上喝啤酒，看國際劍道錦標賽的電視轉播，有個很強的年輕人——六段——三度贏得比賽，幾次電視攝影機掃到比賽會場時，我看見強正忙著用他自己的相機捕捉所有動作。

水泡上又生水泡，明天該怎麼走路呢？最後我蹣跚走去浴室，但這間浴室很小，況且有人正要進去，我想起《旅行用心集》的建議，於是請那個人慢慢用，不用顧慮我。

來到餐廳，廚房裡的女士們端出豐盛的佳餚，有生魚片、蜜柑煮蝦、壽喜燒、日本馬加鰆魚、清蒸鯛魚、味噌湯、各種當地蔬菜等等，我還是跟往常一樣吃不完。我不想失禮，但是當我注意到唯一的另一位客人，來自東京五十開外在報社工作的先生也剩了一點食物，於是鬆了一口氣。我們聊了一會兒，他告訴我說他也走路，而且不光是木曾路，每逢周末和假日會走整個中山道，他已經走過東海道，那裡跟木曾路很不同，有它自己的迷人之處，明天他會返回東京工作，我們互道晚安後，回到各自的房間。

當你住處附近發生火災
先做好逃生準備
其次才考慮行李。

《旅行用心集》

清晨四點半，附近的小爆炸將我吵醒，不久遠方出現汽笛聲，聲音愈來愈近，直到似乎就在我的玻璃推拉門外。汽笛聲愈來愈多，我看到身穿消防隊員制服的男人們神情凝重地跑過，附近燈火通明。終於，我鑽出溫暖舒適的被窩走到後門，發現其中一位年老的女將，已經在廚房做早餐。我們兩人出外查看究竟，火焰和煙從小菜園對面約一百英尺遠的屋子竄出，情況看似不妙。日本各處都看得到小心火燭（火的用心）告示，自古以來火就是心頭大患之一，直到最近，幾乎每一家都還是用木頭和稻草補強的泥土建造而成，易燃且火勢一發不可收拾。女將和我討論了一下，多半是對她的鄰居表達同情，接著說：「所以啊，一定要小心火燭才行。」便回廚房工作，我則返回房間。

五點半，煙繼續從鄰居家的左側竄出，焰光還沒有滅，但打火兄弟們似乎打算結束救火行動，六點煙還在冒，但是是被某種東西點燃（難不成又起火？），大型水管仍然在我房間的玻璃推拉門前。

早餐後，大夥坐在餐桌時，一位警察連聲道歉地前來問話，你何時來到日本？你要去哪裡？為什麼在這裡？你真的喜歡木曾嗎？我猜我是這一帶唯一的可疑人物，但不久後又有一位警察走過來，說火源被發現是在二樓的煤油暖氣。剛才過來跟我一面喝茶一面問話的警察起身深深鞠躬並再次道歉，在筆記本上記了點東西，就往門外走去。最後我退了房背上背包，在女將們的微笑和鞠躬下離開，她們希望我四年內能夠再度光臨，當我經過旁觀群眾沿著車道走下去，那位警察朋友從車上對我微笑揮手，我也以微笑揮手回禮，然後直奔便利店喝熱咖啡。

繼續行程。我再度走上坡路來到中山道。前一天我注意到火車站對面有家店售有「花漬」，這是用鹽醃漬的櫻花，也是須原的傳統名產，由於時間還早，小店還沒開，然而當我試探性敲門，一位中年婦人帶著半信半疑的表情開門，問我要做什麼，我說既然來到須原，實在應該嘗一嘗花漬才對，她的懷疑一掃而空，笑著請我坐在一張小桌旁，到後面的廚房去砌茶。

茶很鹹但很清新，這位女士用眼角觀察我的反應。「好喝！」我的話顯然使她放心，為了進一步證明所言不虛，我買了一小包帶回家。我把這包茶放進背包時，一面和她說了些客套話，她送我到門口，祝我旅途愉快：「請慢走並再度光臨！」

我順原路走回去，經過崗哨鎮和冒著水的水船——有人在其中一座水船上擺了一支紅色和藍色的花——接著經過寺廟台階，進入位在陡峭山坡上的林地叫做長坂，意思是長長的坡道。來到高地頂端，我看到右側遠方的河和遠處木曾駒的美麗稜線，即使從這麼高的地方，依然看見河水是清澈的湛藍，流經成千上百的巨大岩石，在河川之上，木曾的一座座小山被山嵐包圍，今天早晨的天氣預報是雷雨，但現在晴空萬里，很慶幸背包裡的斗篷還派不上用場。

道路順著山繞行，無論怎麼轉都看得到山下的河，只是偶而有車子經過。大約不到一小時，我看到路牌指著往岩出寺的方向，這是座小巧的古剎，位在岩壁突出的高處，一座平台從廟門口突出，通往平台的長長石階有一尊尊馬頭觀音和地藏的石像，這裡的本尊是馬頭觀音，也是日本各地養馬人的膜拜對象，廟裡各處供奉許多馬的圖片供人許願（廟的寬百葉門被上鎖）。

今天平台兩旁的楓樹和銀杏爆出紅色和黃色，側面正中央有一棵青楓，此刻天空一片雲都沒有，除了附近木曾河支流稻川河（音譯）的水聲外一片寂靜，我卸下背包，在這與世隔絕且不起眼的寺廟台階上休息一小時。最後，我在門邊掛的留言本上簽了名，放了幾百圓到賽錢箱，許願以後再來。

當然，這座寺廟有很多傳說，以下故事是關於它的起源。

很久以前，這裡住了一位很善良的人，他在茶屋旁為旅人及其馬匹製作草鞋維生。

有一年冬天，有位尊貴的旅人騎馬經過，這時馬的草靴破了，請老人做一副新的。不巧這位老人只來得及替馬做一隻草靴，旅人就得繼續上路。

老人看著他們離開，為這匹馬感到難過，於是急忙完成另外幾隻草靴後，在他們後面追著跑。他一路追到大島，立刻將靴子交給旅人，旅人高興萬分，想付草靴的錢，老人因為欣賞旅人的鎮定而婉拒這筆錢，於是旅人拿出隨身攜帶的木頭和筆墨，寫下「馬頭觀世音菩薩」交給老人，說道：「相信它，你會受益。」說完這番話，旅人騎馬離去，不久就消失了蹤影。

老人回到家，把這塊木頭放在神案上，木頭便開始不時散放出光芒。老人感到奇怪，於是把木頭藏在稻川河口的岩石間，木頭發出的光芒更勝以往。

對這現象深信不疑的人們經歷了一些好事，隨著事情愈傳愈廣，一種宗教派別儼然成形。

不久，在這附近一帶居民的努力下興建了一座廟，也替木頭製作一個神龕，還刻了一尊馬頭觀音供人膜拜，至今依舊香火不墜。

跨過稻川橋後，接著要決定走舊木曾路上山坡，還是往下坡走到看得見河和群山的高速公路。多年前，我和朋友羅比和蓋瑞選擇前者，三人當時在木曾路上徒步旅行，決定往上走而不是掉頭，我們在那豔陽高照的日子裡爬上陡坡後，看到舊路繞著丘陵地，山丘各處散布小小的農業聚落，其中一個村子裡恰好正在舉行祭典，參與者主要是三名大人，一位擊鼓、一位吹笛子、另一位戴獅子頭，幾個孩子尖叫嬉鬧從一戶人家跳舞跳到另一戶，為當地的寺廟募款，獅子則是追著這些孩子跑。一位笑嘻嘻的年長者告訴我，舞獅的頭——大小約為人頭的三倍，漆成紅色、黃色和黑色，有個張大的嘴和一雙杏眼——很有年代而價值不斐，當我又聽見開心尖叫和笑聲時，羅比三兩下就同意帶上面具，跳起舞獅的舞來，此舉讓大夥樂不可支，過了一陣子我們深深一鞠躬告辭，漸漸遠離笛聲、鼓聲和那群快樂的孩子，繼續行程。我們走在穿過山丘的路上，經過天長院，這是建於一五九三年的禪寺，二〇〇〇年重建，大門前有一尊瑪麗亞地藏或者稱為瑪麗亞觀音（連師父都不清楚），進入大殿有一尊美麗的阿彌陀佛像，也是西方極樂世界之佛，接著經過田野和寧靜的山谷，最後路面變得平坦，來到了野尻這個崗哨鎮。

不過，這次我決定從坡度較緩的山丘走下去，如此會來到高速公路和木曾河，當河進入視野，我放眼看到池口寺，這座古老的寺廟建於九三七年，四周被大樹和濃密的竹林環繞，這座廟供奉三尊藥師如來，在日本敬拜的各尊佛當中，藥師如來是大醫王，也是身心靈的醫生，並且應許眾生的願望：

很久以前，人們騎馬在中山道上行走，但是只要長途跋涉到關山，馬匹就會變得難以馴服，將人從馬鞍上甩下。人們覺得這種現象很奇怪，而當他們追究原因，發現對岸的長興寺發出刺眼欲盲的光線，這金光顯然來自廟裡供奉的藥師佛，反射到馬的眼睛，使牠們變得難以駕馭。

於是，村民向廟方請願，藥師佛同意轉身，如此一來人們只看得到祂的背面，據說從此旅人就再也不會在這路段被摔下馬背了。

不久我就通過大桑這個古老的村子，絕大多數的人家會把乾柿子串成一串，從二樓垂掛下來，《旅行用心集》中建議：

沿途或在果園中，不可以任意摘取他人栽種的梨子、柿子、柳橙或橘子，無論看起來多可口……要知道，如果在不熟悉的地方受到責罵，你不會站在有利的一方。

這讓我想到一句禪宗（譯註：本句話出自《樂府詩集》的君子行，原文為君子防未然，不處嫌疑間。瓜田不納履，李下不正冠）的古諺，

瓜田不納履，李下不整冠

於是我目不斜視往前走。最後，我來到與河平行的木曾路，河兩岸種滿各種蔬果，我停下來等一班當地的火車通過，經過一段緩升坡，便一拐一拐進入野尻這個崗哨鎮。

路程時間：須原至野尻：七公里（四點二英里）三小時

第11章 野尻（標高一五六〇英尺）

不信只看八九月，紛紛黃葉滿山川

不相信的人只要看八、九月（譯註：此處作者翻譯為九、十月，係轉換為陽曆之故）就知道了，黃色的葉子紛紛落下，充滿山林河川。

《禪林句集》

野尻是典型的山城，它在整個谷地中的所處位置，可能是木曾河岸最寬、縱深最深的地方，這裡的房屋和商店相對較新，原因是一七九一和一八二四年發生火災，而一八九四的大火更把近半數建築物焚毀，但野尻依然是個繁榮的城鎮，根據一八四三年的普查，有一〇八間房屋，住民九八六人，這裡也有本陣和脇本陣各一、兩家運送業者，和十九間客棧。在崗哨鎮的極盛期，野尻以道路的七處彎折知名，這些彎折的目的，是為了擾亂進犯的軍隊。

然而，這裡不盡然是個過夜的好地方，大田南畝曾經寫到：

我在野尻一處由森將佐兵衛門（音譯）經營的本陣過夜，這是用木板圍成的建築，沒有籬笆和圍牆，但我看見一張告示寫著去年十月九日，牧野備前守因公曾在這裡過一夜，待在這麼個淒慘的地方，還真是「奇幻之旅」，整晚都是雨聲和水流發出的激烈聲響。

《木曾路名所圖繪》呼應大田南畝的這段話，寫到：

〔此處的〕木曾河湍急，發出隆隆聲響，聽起來像在打雷。大雨時真擔心河水會倒灌。

我在這裡要舒適多了，我走進這座鎮的第一站是橡實咖啡館，女將上田女士以好久不見的驚呼，歡迎我的到來。儘管已經過了早上，我還是點了一份晨光套餐，她端來咖啡、優格和藍莓果醬、一片塗了奶油的厚片吐司和一顆水煮蛋。我們聊了一會兒，但上田女士的口音不容易懂，她是從山另一邊的飛驒高山嫁到野尻來的，另一位較年長的在地男士加入我們的聊天，他的口音更難懂，所以我沒說很多話。但是當他離開時，面帶微笑引用了茶席的諺語「一期一會」，意思是「每次見面都當作一輩子唯一的一次」，我為自己的沉默而羞愧。幾分鐘後我告辭時，上田女士注意到我的跛行，堅持用抗生素藥膏和繃帶，來治療我的腳。

入住時間還沒到，我成功來到位在野尻邊緣的妙覺寺，這是建於一六二四年的大佛寺，有座美麗的大花園，裡面有一棵年代久遠的銀杏樹，在一年的這時候，滿樹都是黃色的秋意。到處都有佛陀門徒的像，但是最令人震撼的要屬瑪麗亞觀音，也是以石塊雕刻而成，高約二點五英尺，背面有一八二三年的字樣，乍看之下似乎是千手觀音（其實是六隻手），但她的右手顯然是拿著像十字架的東西，這座神像再次說明木曾沿路必定曾經有過「隱形基督徒」的社群，他們盡最大努力不被發現，同時以某種方式敬拜他們的聖像。

進入廟內有一尊六英尺高的大黑天，是用一整塊柏樹製作而成，還有一間大房間，裡面全都是牌位和這一帶在二次大戰期間陣亡者的黑白照片，想到這些年輕人在這山城被徵招入伍就令人動容與難過，他們應該全都是農民之子，一心只想著把田耕好，但卻和美國戰友一樣，響應呼籲而出來報效國家。

參觀完寺廟的其他部分，包括供奉在那裡的一點五英尺高，外表覆蓋金箔的美麗觀音像，師父的八旬阿姨須美子(音譯)出來歡迎我，她也記得我四年前來過，請我進去喝茶，我們一邊走，她告訴我說，她在京都出生，但是在京都西南方遙遠的山口縣長大，她也像上田太太一樣，是嫁到廟裡來的，須美子的舉止有種奇妙的優雅，或許是來自她京都出身的背景，她會說的英文不多，但腔調卻異常標準，我們聊到我最喜歡的詩人山頭火，以及他在一九三〇年代走遍木曾的經過，她和須原的住持一樣在廟門口目送我離去，彎腰鞠躬直到看不見我為止。我從台階清楚看到直上雲霄的木曾駒岳。

在須美子的指導下，我走去便利店問附近的覺明社怎麼走，看店的幾位小姐言之鑿鑿說附近沒有這間廟，但我在路上遇見一位老先生，要我走到下一條上坡路，穿過森林，於是我在下一條泥土路左轉，繼續上坡穿過濃密的杉樹和柏樹林，最後終於看見一條長滿苔蘚的小徑，這條小徑跨過一條小溪，一直通往我要去的廟，這棟木造建築相當古老荒頹，四周是老樹和濕滑的步道，但顯然不時有人走過，因為外面的牆上掛了一支竹掃帚，讓信徒在膜拜過後打掃清潔，神龕後面有一尊不動明王像和幾間供奉神的屋子，四周陰暗，適合朝山。關於這座杳無人煙的神龕，有個這樣的故事。

一六二四年至一六四四年間，有位名叫覺明的苦行僧，經常在小宮瀑布進行宗教的苦行修練，他總是在野尻的小瀨屋（音譯）過夜，有一天他在前往御嶽山之前，跟客棧的人說。「這一次，我的志向是在木曾御嶽開一座山，做為宗教的修練之用，如果我辦到了，就不會再回到這裡，你們一直對我很好，我要給你們這張安產符咒，以報答你們的恩情於萬一，得到這張符咒的人，如果沒能夠安產，就將它撕碎扔進木曾河裡。」

於是每一位得到符咒的婦人都順利生下寶寶，這一帶的人們非常快樂而且感激，思索之下，他們覺得覺明的符咒可不是簡單的東西，於是在一八五〇年間，一群在意這件事的人聚在一起討論，決定在小宮瀑布建一座神龕，來敬拜覺明的神靈，並且成立御嶽教的安產宗，每年四月二十一日以及十月二十三日舉行慶典，曾經吸引千餘人參加。

差了幾天而沒能參加慶典，令我有些遺憾，但還是很高興能找到這個小神龕，我留下幾百圓在不動明王前的賽錢箱，便穿過森林下山。回到剛才的便利店，我有點得意地把相機裡的神龕給店裡小姐們看，證明所言不虛，得到連連的驚嘆聲以及：「誰會曉得這地方啊？」

接下來是前往小意地民宿(音譯)的漫漫長路。這次我又走錯了。就在我停下來，向一位正在洗車的男士問路時，他斬釘截鐵地說路程太遠，好心表示要開車載我去，我和腳上的水泡商量了一下便坐上他的車子，先是跨越木曾河，接著是阿寺溪谷，最後我在小意地被放下車，這位開車載我來的先生從車內鞠躬道別，年約五十、開朗健談的女將植垣涼子(音譯)出來迎接我，涼子立刻帶我到我的房間，並且以茶、餅乾和蜜柑招待，現在正是小憩的好時機。

小意地是一間佔地廣大的單層樓建築，原本是農舍，位在幾間果園的上方，俯瞰木曾河，兩間客房頂多容得下四人，大廳盡頭的廁所和水槽似乎也是為這麼多客人而設，晚餐在客房中享用，但早餐是在廚房和家庭起居室之間的桌子吃，這間民宿顯然是這家子的外快，旅者多少參與他們的生活，至少是早上。這裡的環境很舒適，涼子熱情又會照顧人，但又不會過度熱情。

希望住高檔一點的旅人，可以去同一條路上的大型溫泉旅店阿寺莊，那裡有一間鋪了磁磚的大浴場和寬敞的用餐區，只要過個馬路就有露天風呂，那是一間大型的室內外浴場，去那裡可以磨上一整天，幾年前我和妻子住在阿寺莊的時候，那裡曾經過舉行一場快樂的派對，慶祝住持交棒，當時大家喝了不少酒，甚至出動救護車把某人帶走，經理宣布人沒事，派對繼續。這次我住在平靜的小意地就好了，從客房的大玻璃推拉門，看得到外面的群山。

從小意地步行約十分鐘，是阿寺河和木曾河的交會處，一條小路順阿寺河流經的峽谷繞行而上，兩岸陡峭直上，長滿高大濃密的柏木，有些樹齡高達數百年，流水清澈見底，河本身有數千大小不一的石頭密布，到處都是深邃寧靜的水灘，反射著河沿岸楓葉的秋色，雖然這條路不算木曾路的一部分，加上腳上的水泡到此時已經跟大花豆一般大，但也不可因此而錯過。

在小意地略事休息後，我小心翼翼綁好靴子的鞋帶，走到阿寺峽谷入口，時間大約下午兩點，是個晴朗的好天氣，不必背背包走路挺好的。峽谷兩旁幾乎是從起點就開始變窄，牆壁般的岩壁將視野整個遮蔽，只看得見頭頂的一線天，濃密的樹林充滿神秘感，氣氛幾乎是瞬間丕變，只剩狹窄的阿寺河快速流洩與木曾河交會時發出的聲響，日本人傳統上認為這樣的地方能引動神明或神明的能量，這點不難理解。早期住民把屍體埋在山林中，一段時間過後，亡者的靈魂成了常駐當地的靈和神。岩石、樹木、山間的流水也一直被視為神聖而藏有聖靈。

但神明並不在我左右。走了半小時，路邊有個牌子警告「有熊和黃蜂」，據我瞭解這條路上不會遇到致人於死的動物，剛才出門前，我告訴涼子要去哪裡，她只是微笑說道：「慢走。」儘管如此，現在我不禁想知道，繼續走下去的話，林子裡會有什麼在看著我。多年前我第一次走這條路時，有位先生停下他的小車，給了我兩顆蜜柑，警告我要小心熊，之後車子就飛快開回山裡，當時我不知道他為何給我蜜柑，但我帶在身上直到返回民宿。這次幸好我想得比較周到，把薄薄的一冊《旅行用心集》放進外套口袋，裡面有一段講到「山區和海邊的災難與疾病」，以此作為護身符，讓我覺得一切都會沒事。

雖然只走了大約一小時，天色卻漸漸變暗，我開始興起打道回府的念頭，但在我右邊有一條覆滿苔蘚的步道通往一座小神龕，可以在那裡拜阿寺的神靈，由於路兩旁草木叢生，我好不容易沿著小徑往上坡走入深林，找到那座歷經風霜的古老木造神龕，說了幾句感謝的話，就趕緊回到大路上。

繼續往上爬，我看見雨現瀑布（雨現の滝），意思是因為下雨而出現的瀑布，這條涓涓細流從五百英尺的山崖流下岩壁，幾乎只像羽毛狀的水氣噴霧，從名字得知只有下雨時才稱得上真正的瀑布。岩壁本身是岩石的光滑表面，東一處西一處長了矮小的柏樹或楓樹，充滿紅色、黃色和紫色的葉子。同一條路繼續走，還有其他瀑布跟幾處大水池，只是天光快速黯淡，我只走到狸之淵（狸が淵）這座寬廣、深邃靜謐的水池，就爬下巨石讓腳冷卻一下，之後折返。

不用說也知道，我沒想到下坡總是比上坡難，總算回到小意地時，兩腳幾乎走不動，但我洗了舒服的熱水澡，心裡沒有絲毫後悔，而且為能再度進行這趟朝聖之旅感到幸運，回房間後，涼子端來豪華的木曾大餐，之後當我鑽進被窩時，我在堅信明天雙腳會平安無事的信心中睡去。

第二天早晨，我的腳當然不是平安無事，正當我一拐一拐走進餐廳時，涼子憂心忡忡看著我。她打電話給我下一個住宿地柿其溫泉之湯的老闆，而且不須我要求，就請他在野尻火車站跟我碰面，再開車載我到他的民宿，這一連串安排由她出面，也讓我不致於面子掛不住。我感謝她的體貼，又記起我在佛羅里達州時卜的易經卦象。

該靜的時候就要靜，該動的時候就要動。

我靜靜坐著吃烤鮭魚、裝在青瓷小碗的炸河魚、番茄、綠花椰菜、紅燒蚌殼、味噌湯、飯和很多咖啡。涼子跟她先生、年邁母親以及兩歲大的孫女在隔壁房間觀賞兒童節目，孫女在電視機前跳舞，不久節目結束，小朋友心不甘情不願地出發前往附近的托兒所。

阿寺的意思是名叫「阿」的寺廟，而阿也是梵語的第一個字母。根據威廉・蘇特希爾（William Soothill）的《中國佛教專有名詞辭典》（A Dictionary of Chinese Buddhist Terms），阿是梵語希曇文的第一個字母……其他字母從此而生，也是人類口中第一個發出的聲音，因此阿帶有許多神秘的暗示。反之，阿象徵無生產、無常、非物質，但有許多正向含意，其中最明顯的是阿彌陀佛淨土（西方極樂世界），更常被用在密續上。

這個字母在真言宗是重要的，也是空海和尚於八〇六年從中國傳到日本的佛教密續，比禪宗進入日本早了近四百年，空海和尚教導大家，真言宗的密教是透過藝術而不是以言語傳達，其中一種修行方法是觀想「阿」，可能是在凝視捲軸上的藝術呈現時，或是透過觀想。

吃早餐時，我問這一帶有沒有真言宗的寺廟，祖母提到她的祖父曾經說過這附近有一間，但早在祖父還是小孩子的時候，那間廟就已經不存在，涼子的先生接著插嘴說道，那間寺廟叫做庵寺（音譯），好像跟愛奴人有關，愛奴是比現今日本人更早存在的人類，整條木曾路都留有他們的遺跡，但愛奴至今依然有敬拜熊的習俗，因此早期絕不可能接觸真言宗。儘管如此，真言宗和不動明王的化身有很深的關聯，後者有時會跟熊的形體混淆。至於那個提醒我小心熊的告示呢？情況似乎很清楚，這個地方的謎無法光用理智來理解，空海、熊、愛奴和阿字，全都像一片片拼圖，只能靠親身體驗，至於理智就隨它去了。

早餐後，我一跛一跛回房間研究地圖，到下一個崗哨鎮三留野似乎有三種走法，第一種是沿河走木曾路，最後會走到高速公路和中央線。這條路的路程較長但最直接，貝原益軒在其日記《木曾路》上記載的，可能就是這條（經過年歲，這條路有改變）：

> 一般而言，信濃路（就是指木曾路）全程通過山，尤其木曾山脈一帶有遠山和深谷，很多步道沿斜坡邊開闢，野尻和三留野之間的路尤其艱險，這一帶的山在你左邊，有條細小的石子路沿山邊開鑿，在你右邊是險惡的峭壁，多處就像是站在屏風上，腳底下是深不見底的木曾河，沿岸有很多座吊橋……這些吊橋不是用來跨越河，而是〔為了從峭壁邊繼續往前走〕前面已經無路可走。中國山水畫中有許多類似的景色，但在其他國家卻很罕見，許多是繞

著斜坡和群山的海角進入谷地，再次繞著群山前進，路況極盡艱鉅。

我回想起四年前走這條路時，遇到幾處非常陡峭的上坡，當時我看到唯一另一位徒步旅行者一直抱胸，好像快要心臟病發作似的，但這條路多半沿木曾河前進，中途巨礫大石似乎超過正常的數量，那次徒步的經驗非常累人，但也很有成就感，木曾河和与川在三留野附近交會，那裡至今還有一尊六英尺高的地藏站在荷葉上的神像，是在一八四五年立的，就在前一年一八四四年的一月七日，山下以東的荒地因為与川河水暴漲而淹沒，尾張國封地上的一處林木，由於土地被濫伐而遭洪水肆虐，當天有一百多名工人在轉瞬間失去性命，鄰近的村子是這麼解釋這次事件：

与川從南木曾村不遠的山間順流而下，多年前，某貴族想在上游的山區蓋房子，工程負責人於是找來一群伐木工人砍樹來蓋房子，其中有位誠實的伐木工，名叫陽平（音譯）。

在一個下暴雨的晚上，陽平在敲門聲中醒來，他小心翼翼開了門，看見一位身穿白衣的女子，悲傷地站在面前。女子告訴他，如果他們再繼續砍樹，會發生悲慘的事。

第二天，陽平把這件事告訴其他伐木工人，大家都恐懼萬分，不肯繼續工作。然而這椿工程的負責人聽不進去，命令他們繼續伐木，最後陽平因為太害怕，於是假借肚子痛就離開了。

當天晚上女子又來了，她說：「明天會開始下雨，請逃到山頂去。」說罷便消失在黑暗中。

第二天就像女子說的，天開始降下大雨，土和砂開始鬆動粉碎，村裡的房屋全被沖垮，這時陽平看見一條白蛇在土砂中流動，這才明白原來這條蛇化為女子，來警告他即將發生的災難。

這次事件後，陽平辭去伐木的工作，改行帶領馱馬，將食物從尾張運送到外地。

紀念這群工人的地藏像，至今依舊有人前來祭拜，林子又長出新樹，但在這靜謐的山林中，沒有留下其他東西，讓我們想起這場悲傷的災禍。

第二條路在地圖上標示与川路，從与川一路深入內陸。這是曲折的林中路，最終回到三留野附近的木曾路上，走到半途多一點（涼子提醒我全程大約四小時），旅人會來到知名的古典庵，根據傳統，這是一間小屋，有位木曾氏的和尚在這裡修行，自古以來就因為和月亮的關係而被許多人所知，江戶中期尾張藩的文官松平君山在他的《木曾八景之中國和日本詩》中有過記錄。

霧靄在河面飄動，夜半的月亮在秋色中投射寶石般的光亮，我穿的麻布長袍隨冷空氣瑟縮，彷彿回應當下情景，山中村落聽得見搗衣聲。

一七四四和一七四八年間，詩人橫井也有在《木曾路紀行》中寫到：

深秋
穿過高山之茂林

与川將之洗滌
皎潔明月

另一位不知名的詩人寫到

避走來此
是該暫停一會
黎明的
与川之月
將成我之景

与川路被指定為歷史之路（歷史の道），早在七〇八年就有人取道而行，但這趟旅行我只能想像，或擇期再來。

第三條路通到小意地民宿，這條路穿過柿其溪谷的險升坡，頂點大約在柿其溫泉，由一對也姓市川的夫婦（跟我朋友沒有關係）經營，路從這裡開始走下坡，在前往三留野的大約半途中會遇到舊中山道、國道高速公路和中央線，今天我打算在涼子和市川先生的幫助下採取這條路，不借助我的雙腳。

約莫九點鐘，涼子開車載我到河對岸的火車站，不久市川先生來接我，他微笑說道：「好久不見了啊。」十二年了，實在太久了。我想。

市川先生開著他的白色小卡車，小心翼翼穿過窄小的路，這條路曾經供窄軌電車通行，將木材運送到外地，車子在陡峭曲折的小路蜿蜒爬升，我開始感謝腳上的水泡，省去走這趟路。市川先生在山徑頂端停車，讓我看觀音廟、步行者的休息室以及一塊刻著道祖神的石碑，道祖神是旅程中護佑人們的男性和女性神明，最後我們爬上展望台，在這裡看得到木曾駒山（我在一九六八年曾經跟市川一起爬過），以及南阿爾卑斯山的稜線。今天晴空萬里，我們在展望台流連了好一陣子，不願離開。

柿其溫泉建造在狹窄的高原上，離山徑不遠，距木曾河近到從早到晚都聽得見水聲，這是兩層樓高的建築，其中一部分相當老舊，但從我的房間可以透過大玻璃窗看見秋天的山景，聽見河水流動的聲音，而且空間寬敞又乾淨。房間正中央有一張矮桌，上面擺了茶和蕎麥米果，這是個修復身體的好地方，也是我的外套（現在掛在牆上的釘子上）第一次沒有被汗濕透。

溫泉旅館本身看來頗為傳統，用高溫素燒陶罐來插山中的野花，起居室中央的桌子旁邊擺了拋光的樹樁作為椅子，還有個長方形的火鉢從低矮的天花板垂吊下來，裡面放了木炭和煤灰，火鉢上擺了一只被燻黑的鑄鐵茶壺，不斷冒出蒸氣。火鉢的位置再過去是浴室入口，男用和女用浴室各一間，全年無休，從大型推拉玻璃窗向外看，會看到群山和河流。這裡的東西都是木製，木凳、木桶、木地板和木牆壁，澡盆也是木頭的。沐浴乳、洗髮精和潤絲精免費提供，山頭火喜歡這裡，但市川先生相當有把握地對我說，這位詩人從沒有來到距木曾路這麼遙遠的地方。

時間還有點早，喝完茶，吃完蕎麥菓子後，我決定在附近一帶繞繞，出了大門沿小徑走，我看到一間蕎麥麵店，這原本是兩百年前的古民家，從与川一帶搬過來保存，老店前有一座深池，身上帶有橘色和白色斑點的鯉魚浮到水面，頃刻又沉了下去。沿著小徑再過去的樹林另一頭有兩間木造的廁所供「急用」，因為裡面是蹲式馬桶。廁所乾淨又清潔，甚至供應衛生紙，只是對外國人或生活在現代都會的日本人來說，不是那麼習慣。

我走過木板橋到河對岸，這座橋晃得非常兇，兩端用細纜線垂吊，讓我想起每一位詩人在看見這種「橋」的時候，都如履薄冰。許多黃色蝴蝶在空中飛舞。

走回柿其溫泉，我看見市川太太正在廚房做我的午餐，她是位五十多歲的親切女士，左手因為中風而麻痺。她說，我跟蓋瑞、羅比來這裡時她正在生病，但在她的努力下，恢復了大部分的工作能力。我坐在火鉢附近，不久端來一只木製漆器大碗裡裝了拉麵，上面鋪滿豬肉片、海菜、魚板（魚漿水煮過凝結，非常好吃）和醃蕨菜。湯麵既燙又美味，附一只大木湯匙。

午餐除了我以外，還有兩位「剛好路過這裡」的年長徒步旅行者，用完餐後，我決定小寐片刻。貝原益軒在一六〇〇年代末曾經路過這裡，建議後人切忌餐後睡覺，否則會導致氣的淤積。但是熱蕎麥麵、冷空氣和柿其溫泉輕鬆的氛圍讓人不睡也難，於是我盯著窗外滿山紅葉，聽著錚淙的水聲，慢慢進入夢鄉……

溪聲便是廣長舌，山色豈非清淨身

山谷的溪水正是佛陀那寬廣的長舌，山景正是祂清淨的身體。

我在市川太太的敲門聲中醒來，她為打擾我而道歉，但建議我可以在晚餐前先去洗澡，她說我也可以隨自己高興，愛洗幾次就洗幾次，我想起今天是用來復原體力的，於是謝過了市川太太後，就拎著這裡提供的小條薄毛巾到一樓去洗澡，脫了衣服進入浴室，看見另一位客人已經坐在木頭浴缸裡，他的妻子在另一頭的女用浴室。我問是否可以一起泡，他立刻答應。我先把身體清洗乾淨後踏入浴缸，超過兩人就顯得有點擠。我們一面聊天一面享受熱水澡，並不時望向外頭的山，他們夫妻來自名古屋附近的小鎮，開車一整天來看紅葉，另外兩處賞楓勝地由於颱風造成的土石流而禁止車輛通行，令他有些失望，畢竟他能休假的日子不多。我們一同起身，祝福對方旅途平安。

在日本各種型態的浴缸中，我個人最偏好這種形式，駒王的浴池大到至少容得下六人，但是是貼磁磚的，而且是在封閉的空間，舒服是舒服，卻比不上樸素的木製浴缸和戶外風景。

回房間後，我又讀了點孔子，聽著河水的聲音，這時看見這段話。

子在川上曰，逝者如斯夫、不捨晝夜（孔子站在河邊，說道：過往的就像這樣，日夜不停。）

今天晚上的柿其溫泉很安靜，我是唯一過夜的客人。市川先生告訴我，明天會有大約二十名客人（客滿），跟幾年前我和羅比、蓋瑞在這裡住宿時的情況相同，當時我們睡在其中一棟附屬建築物，但是跟大家一起在餐廳用餐，由於人滿為患，我們只好全都坐在矮桌，接受幾位助手的服務，大吃大喝了約一小時，之前坐在隔壁桌的白髮瘦高男子向我們三人走來，他喝得酩酊大醉，但還是有禮貌地自我介紹，說他叫做山本一郎，又說他和太太是跟朋友伊藤夫妻一起來的，兩對夫妻都八十幾歲，正在慶祝一件我聽不懂的事情。兩位先生都曾跟著日本海軍，到新加坡和緬甸打過第二次世界大戰，日本投降後，他們交出武器和軍服，被遣送回國。山本先生年輕時經常登山和滑雪，現在只要能力所及還是會上山，由於他自從戰爭結束後，就幾乎沒有機會跟美國人打交道，因此他想介紹骨酒給我們，來慶祝我們認識。所謂骨酒是將清酒連同被稱為岩魚的河魚放在長形碟子裡，據說可以消除劣等酒不好的味道。幾杯骨酒下肚後，我們就婉謝他的好意，留點肚子繼續吃晚餐的好料，在時間和清酒的作用下，山本先生對我們幾位新朋友愈來愈熱情，表示要來拍照留念，業餘攝影師的他設備倒是一應具全，他把相機架在我們面前的三角架上，為了試著把三角架愈調愈低，於是一面張開腿，將臀部放低以取得平衡。情況愈來愈明顯，他的浴衣（日本人洗完澡穿的薄棉袍）底下什麼都沒穿，就在山本先生愈蹲愈低之際，坐在隔壁的四位中年高中教師（全都是女性）將他的春光一覽無遺，而紛紛紅了臉，尷尬地大笑。男人們的太太叫他站直身子，但不明就裡的他完全不予理會，而這時伊藤先生當然是鼓勵他朋友再蹲低一點。最後山本先生拍了照，在場每個人的眼睛都吃了冰淇淋，之後又是一陣清酒和笑聲。兩位滿臉通紅的男子深深鞠躬後，被各自的妻子帶回房睡覺，第二天肯定少不了一陣教訓。

今天晚上就在我下樓吃晚餐時，市川太太端著清酒等我到來，另外還有岩魚、野菜天婦羅、醬油醬汁和一大團新鮮香菇跟舞茸，是她自己用桌上的小火鉢烤的，她非常健談，說到中風還有如何透過意志力戰勝沮喪和身體的行動不便，而且她知道只有自己救得了自己。她的書法作品掛在客棧各處，那是她為了恢復身體的協調而練習的，她那種將文字打散的風格或許不是刻意為之，但卻充滿迷人之處，搞怪而且可愛。多年前蓋瑞、羅比和我在這裡時，她正臥病在床，無法也不願出來見人，市川先生得包辦所有大小事，對他來說一定是內外煎熬，我還記得他那時相當沉默寡言，和現在大不相同。

我吃飽飯後，又跟市川太太聊天喝酒了好一陣子，最後告退上樓回房間。她建議我再去泡個澡，但我恐怕會睡在澡缸裡，回房間後，我讀了一會兒木曾的傳說故事，直到雙眼再也睜不開來。我攤開被窩，在已經習以為常的木曾河水聲中入睡。

夜未明
水流之秋
旅店

山頭火

凌晨四點半的漆黑中，我在兩隻公雞的比賽啼叫中醒來，兩隻雞互不示弱，就在我想繼續睡覺的當下，心中興起了很「不佛教徒」的念頭。六點半，兩隻雞決定停止競爭，我也放棄繼續睡覺，雖然想喝杯咖啡，但我發現昨晚由於市川太太的狀況，兩夫妻很晚才睡，所以我耐著性子在溫暖的被窩裡享受晨光。天氣冷而清新，山裡萬籟俱寂，除了那兩隻公雞和河以外。柿其溫泉的孤獨夜晚，令我懷念起有朋友相伴的時光，接下來的妻籠和馬籠會讓我孤獨個夠。

連在旅館裡都嫌冷，磨蹭了一會兒，我快步下樓跟大夥道早，以宣布我的到來，坐在還沒生火的火鉢旁慢慢等待，市川太太端著一小杯咖啡微笑地出現，她的痲痺在早上似乎比較嚴重，但她不以為意努力工作，總是開開心心地。晚上她把她寫的毛筆字「夢」掛在餐廳，通往我房間的走廊則掛上「一雨千山潤」，意思是一場雨能潤澤千座山，我猜想兩幅字當中都有她給自己和給大家的訊息。早餐端了過來，有兩種白蘿蔔，味噌湯、白飯配生雞蛋和海苔片，烤香菇、用橄欖油和黑胡椒醃漬的切片蕪菁，以及剁碎的蒿苣，雖然不是大餐，但作為一天的開始卻綽綽有餘。

沒睡飽但肚子吃飽飽，我回房間調整依舊爆滿的背包，直奔樓下退房。正要穿過前門走出去時，我不小心讚美了一只用來插一枝花的素燒小陶瓶，就在我還沒回過神來之前，這只瓶子就連同一個類似的未上釉的小杯子一起被包了起來，作為送給我的紀念品，婉拒無用，我試著把這兩只易碎品塞在襪子和內衣中間，又簡單禱告希望在剩餘的行程中能完好如初，其實現在我早該知道一件事，那就是在這個國家若是讚美一樣東西，它立刻就會是你的。日本的佛教早在一千多年前，就教大家心無執著，但卻讓人怎麼都學不會。

我在外頭等市川先生載我下山，前往下一個崗哨鎮，但他卻站在入口深深地鞠躬。接著，市川太太開來一輛白色的小車，我這才發現開車載我的是她。我把背包放在後面，跑到副駕駛座來坐，盡量不表現出絲毫擔心的樣子，接著就出發了。下山的路上我們一路聊天，她說行動力受限在鄉下生活是件糟糕的事，她一直強迫自己重新學會開車，但只能靠右手和右腳。車子駛下山，她像賽車手般操縱手排車經過大彎道和狹窄的單行道，到達南木曾火車站前，她給我個大大的擁抱，這在日本並不是常見的道別方式。我也擁抱了她，親吻她的臉頰，她熱淚盈眶。

我深深鞠躬，直到她將車子開出停車場，消失在國道高速公路上。

路程時間：野尻宿至三留野宿：十公里（六英里），三小時二十分

第12章

三留野

（標高一三五〇英尺）

從暴雨中能學到一些教訓。遇到夏季暴雨時，盡量別淋濕，跑快點，但是當你在路上快跑，經過人家的屋簷時，你的身上還是會濕。當你一開始就做好這種心理準備，心情就不會七上八下，哪怕你還是會成為落湯雞。在這件事情上的領悟，也適用其他每件事。

《葉隱》

十七世紀末的《木曾街道宿付》，形容三留野是個「醜陋的崗哨鎮」，一百年後大田南畝稱它是「可憐的地方」，直到一九七〇年代，《今昔中山道一人案內》提到三留野不過是「有一排沉寂的商店，跟高速公路分開」，但是岡田善九郎卻有不同的看法。

這座崗哨鎮有許多稻田和蔬果園，木曾河兩岸都是它的範圍。這裡比妻籠有基礎……這個鎮優於其他地方的，像是人民有著高尚的情操，在農作物歉收的時候，會對階層低的人伸出援手，著實讓人欽佩。大約四十六、四十七名男子以伐木工作維生。

在鎮的入口有塊石頭，紀念明治天皇曾經來過這裡，但本陣的原址早在一八八一年的大火中被毀壞，如今是和出版業相關的兩層樓高建築物，一棵原本種在本陣花園中的枝垂櫻還在原址，樹幹直徑約五英尺，高二十四英尺，春天開起花來想必非常壯觀，鎮上的客棧全都不再，旅人必須注意那裡有什麼，然後繼續行程。

但是，三留野卻是木曾路上最有趣的景點之一，從火車站往北走一小段上坡路會來到等覺寺，現在這是曹洞禪宗的寺廟，最初建於七二九年，比禪宗或密教更早傳入日本。多年前，我、羅比和蓋瑞曾經路過此地，師父請我們進去喝茶，給我們看一面三英尺半長的銅鑼，他用來當作廟的電鈴，這面鑼是一位美國朋友，把笑氣罐子的底部切除製成的，用一條鍊子從廟的一邊垂吊下來，然後在一隻襪子裡放進一顆棒球，用它來敲鑼（師父示範得挺起勁），他還給我們看這間廟的瑰寶，許多遊客也是衝著它才造訪這荒山野地，那是幾尊由十七世紀極具個性的真言宗僧人圓空（一六三二—九五）雕刻的佛像。

圓空用短柄小斧，在隨手找到的木材上雕刻佛像和神道的神明，從腐朽的漂流木乃至樹幹都有，他的作品和幾乎所有佛教的塑像恰恰相反，充滿一種奇特的能量，要說是「原始」也不為過，但這麼說對這些作品有些不公平。我在邁阿密的時候，把雕像的照片拿給一位雕刻家朋友看，他無法相信這是十七世紀的作品，說那些雕像看起來像是受到畢卡索的影響，以下是十八世紀末《近世畸人傳》（正、續）中，有關圓空的描述。

圓空和尚來自美濃國一個叫做竹が鼻的地方，年紀尚輕就離家成為和尚，之後在各個寺廟間輾轉，二十三歲那一年離開寺廟，先是到富士山，之後在加賀的白山閉關。一天晚上，富士山的化身在他面前出現，指示他去修築美濃國池尻彌勒寺，不久他完成任務，接著又前往飛驒的袈裟山千光寺。

圓空只隨身攜帶一把短柄小斧，用這個工具雕刻佛像。他在袈裟山用枯木刻了兩尊守護神，至今依然矗立，今日你看這些神像時可能會想問，這些是不是出自佛陀之手。

圓空能事先知道有人要來，他也能看著一個人或一間屋子，就知道這個人或這間屋子會繼續存在還是消失。他從不出錯。

有一次，他經過美濃國高山金森侯的宅邸，說那宅邸沒有「氣」，果然領主在一兩年內就被遷調至出羽國，宅邸除了外部的堡壘外，其他盡皆成為廢墟。

大丹生池的守護神又抓了人，導致人們不敢獨自走在池邊，甚至有人結伴也不行。圓空看了一眼後攪動池水，他發現這件事有蹊蹺，宣布美濃國將發生災難。由於大家從一開始就知道這裡有怪事發生，因此各個都不敢大意，拜託圓空幫他們逃過一劫。不久圓空拿起他的小斧，花了幾天雕刻出一千尊佛像，將這些佛像沉入池底。從此沒有人再被守護靈抓走，獨自走在池邊也沒問題。後來，圓空又來到飛驒東邊，之後進入蝦夷地（即今日的北海道），當地沒有人懂佛道，於是他講解佛法而使許多人信佛，即使到今天，他還被稱為即身佛，他留給後世的德行依舊深受尊敬。

後來，圓空回到美濃國的池尻，在那裡度過晚年。由於住在洞窟裡，他在美濃國和飛驒國被稱為窟上人。

圓空可能是修驗道的修行者，在伊吹山參加過山伏（譯註：山伏是在山中修行的人，也稱為修驗者）的小團體，在我搭乘子彈列車往返於名古屋和京都時，從車上看得到荒涼單調的伊吹山。圓空也曾在北海道爬過兩座荒山，在那裡設置了修驗道的道場，據說他曾誓言雕刻十二萬尊佛像，並且說到做到。他將其中許多雕像留在木曾谷各處，有些成為私人擁有，這是他們的祖先因為善待這位老師父，而獲贈的謝禮。

圓空於七月十五日圓寂，這一天是盂蘭盆節，也是往生者的節日，根據傳統，他要求在靠近長良川的岸邊地上掘一個洞，然後坐進洞裡，請人將他覆蓋。他用一根竹子呼吸，一面念誦經文並敲響小鐘，直到往生為止。他的墓碑在關市池尻的彌勒寺。

我在前往等覺寺的路上，遇到三位日本中年婦人，她們從東京徒步旅行，在中山道的這一段路上經過這間廟，她們不知道圓空的佛像被奉祀在這裡，決定跟我一起去看看，如今等覺寺是棟大型木造建築，有石頭磚瓦為屋頂，還有個碎石鋪地的前院，從我上次來過後顯然經過一番整修，可惜笑氣罐製成的鐘已經不再，要不就是被拿到比較不顯眼的地方。

我們按了住持家的門鈴，但沒有人來應門，住持夫妻都不在家。於是，我領著太太們到一座小神龕，那裡的玻璃櫃存放了圓空雕刻的七福神像，各個約手指和手掌大小，這種防盜規格在這裡並不常見，但是正當我今天早上在火車站調整背包的肩帶時，站長告訴我說，幾年前有人偷走神龕裡的幾件無價之寶。

即使很小，而且被擺在重重上鎖的玻璃櫃，這些小佛像卻散放出能量和生命，我們默默站著凝視了半晌，小心翼翼塞了幾個硬幣到賽錢箱，對神龕深深鞠躬，便離開了。幾位女士決定繼續參觀，但天空開始被紫色的雲層遮蔽而暗了下來，於是我向她們道別，繼續趕路。

這段木曾路蜿蜒曲折，穿過稻田、菜園和幾戶人家的後院，我走過一條跨越小河（其實是小溪）的橋，這條河的名字很有趣，叫作蛇拔河（蛇抜け），當我沿路問人，這條河的名稱由來時，跟往常一樣得到了幾種答案，我最喜歡的兩個是（一）這條河像蛇般蜿蜒曲折（二）這裡發生過地震，地表震動把這條溪的蛇都引了出來。至於哪個才是正確答案，就由我決定了。

跨過蛇拔河不久後，我來到位在上坡路的和合村，《木曾路名所圖繪》是這麼寫的：

這裡的名產是和合清酒，多年前，木曾谷不產清酒，於是和合村民著手生產，這是用木曾谷的水製成，風味淡雅，你們會喜歡。

南畝在《壬戌紀行》中這麼描述。

我在和合村中的某戶人家，看見一幅「和合特級清酒」的廣告，於是叫我坐的轎子暫停喘口氣，我想嘗一口這所謂的特級清酒。它完全不輸給中國雲南省的竹米酒，我向老闆問起這款酒，他說他們是用木曾谷中純淨的水釀製而成，把這種酒跟我之前嘗過的年糕配在一起，可說是奇中之奇，這不是你在肚子餓或渴得發慌時，隨便什麼都是珍饈玉液的那一類。

可惜和合村不再釀酒，我沒能和南畝一樣，只好繼續行程。這時天下起雨來，雖然大多是上坡路，霧靄和雲層在山間移動宛如中國的山水畫，儘管我在南木曾時就設想周到買了一把小傘，但還是淋得一身濕，我想此刻的我在別人眼中，應該稱不上風度翩翩吧。

從背後
看我漸行漸遠
全身濕透了吧？

山頭火

走了一陣子下坡路，接著再度上坡，這裡叫做神戶坂（譯註：發音godozaka），神戶（譯註：發音godo）是中山道上又一個小村子，現在多半是新房子，在妻籠等地方工作的人們，可能大多住在這裡。

大田南畝寫到：

有個暫停歇腳的地方叫做神戶，是只有兩、三處人們居住的地方，當地有個告示，說該地方的名產是豆醬麵包和豆醬米果，我嘗過米果，味道不輸給首都的任何一家店，我認為即使在東海道上，大概都很難嘗到像這樣的米果。

坡道頂端被小樹林環繞的，是一間供奉頭盔觀音的神龕（かぶと観音），據說一一七七至一一八一年間，義仲在妻籠南邊不遠處建城，於是蓋了這間小廟，這間廟是用來保護城的東北方，也是惡魔入侵的不利方位。義仲曾經卸下頭盔，拿掉頂部的馬頭觀音小佛像，改裝上一尊由行基和尚（六七〇—七四九）雕刻的佛像，之後我得知這尊佛像最近也被竊取，改為奉祀神戶善心人士捐贈的神像。之後，知名的狩野永德（一五四三—九〇）以十英寸建方的方塊在這座神龕的天花板上畫了色彩豐富的奇花異獸，正中央就在目前佛像上方，是一個圓形圍繞一個梵文的音符，暗示這間廟可能跟真言宗或天臺宗有關，但這是個安靜且人煙罕至的地方，沒有人能為我解答。

繼續行程。雨停了，走了幾碼後，道路一分為二，舊木曾路轉向右邊，穿過幾座低矮但線條清晰的山，走了零點二五英里左右，路的右側開始上山通往妻籠城，儘管又累又濕，我還是覺得值得爬上去。

多年前，我和妻子在這些山間聽見猴子低鳴，但今天沒有猴子，只有微微的雨聲，上坡路很陡但路標清晰，到處都有溝渠（路標說是護城河），這些溝渠的目的想必是為了使敵人放慢速度，哪怕一點點都好。到處都是參天的杉樹和柏樹，加上坡度陡峭讓攻擊者卻步，也提供了一些掩護。山頂的城郭遺址只剩下一堆草，但在江戶時期之前，山本身就被視為城，因此遺跡所剩無幾或許不讓人驚訝，要不就是只有幾塊大型石碑，有些因為刻了難懂的古體字，有些因為年代久遠覆滿苔蘚而難以辨識。

戰士之夢痕
徒留
夏季的茂草

芭蕉

在這座小高原的南端，可以清楚一覽妻籠這個崗哨鎮，北端有一間房子四周沒有圍牆，供長途跋涉的旅人睡覺，成為很好的休憩地，雨暫時停了，雲和霧在谷地四周的群山間游移，許多戰役和妻籠城有關，指南書《木曾：拜訪歷史和民俗》中寫到以下戰役：

一五八四年春天，秀吉擔心向首都步步進逼的家康會來攻擊他，於是下令木曾義昌堵住木曾路，在妻籠再建一座城。義昌於是率領三百位騎馬的武士，委託山村良勝建城，這座城四周被高山環繞，長了濃密的橡樹和松樹，城下是木曾河，所處位置有戰略的重要性。

家康下令菅沼定利將軍率領超過七千名騎馬的軍隊來攻擊這座城，當他們唱起凱歌時，城裡的人也不甘示弱，但只發射了幾枚火藥。菅沼的軍隊看見抵抗如此微弱，以為城裡面的軍隊必定不堪一擊，於是上山攻打。這時，大型木樁和石塊朝他們扔過來，伴隨著槍林彈雨，軍隊無法繼續攻擊，只好撤退，將整座城團團包圍，按兵不動幾天。

這時幾名士兵從大島來到這裡，和攻擊的一方結成同盟，進一步將城池周圍的道路圍住，城內情勢愈來愈險峻，軍火等物資一天天減少，加上附近山口的村民和敵軍淪為一氣，阻斷水的供給，準備率領攻擊的一方進城。鄰近美濃國金山城的城主森忠政聽到事態相當震驚，於是身為木曾同盟的他主動前往城池救援，然而，義昌只是加緊防衛，拒絕接受任何幫助。

儘管如此，他們最終還是彈盡援絕，只能坐困愁城。但就在此時，小市左衛門（音譯）半夜偷偷逃出城，跑到木曾河敵軍陣營的背後，一個叫做牛ヶ淵的地方，那裡的水急如箭，加上河水為綠色，無法測知水深，左衛門脫去衣服游到對岸，再沿河岸跑到三留野，一支同盟軍隊紮營的地方。他詳細解釋城池的狀況，三十個深諳水性的勇士將一袋袋火藥綁在頭髮上，渡河進入城內，義昌大喜過望，天一亮就發射兩三百發子彈，立刻擊退二、三十名騎士。攻擊者當然驚訝萬分，心想必定是援軍前來馳援。

在与川村民的合作下，住在古典庵的和尚帶著大量紙旗攀上芝山，將旗插在各處，入夜後在山上放火，火焰照亮夜空，敵軍以為一定是秀吉的援軍從福島來了，他們被兩面包夾。義昌見到這光景，命令士兵先下手為強，要他們在蘭山按兵不動，然後派遣其他軍隊，逼得敵軍只得倉皇撤退，不用說也知道，秀吉感激萬分，第二年表揚了義昌和義康。

下了山，我選了那條有大樹根和跨越溝渠的小橋，再度走在舊中山道樹木繁茂的斜坡路上，不一會兒，我通過一間十年前荒廢至今的老茶屋「山村茶屋」，和幾間無人居住的老舊木造屋，當我走到路開始轉彎的地方時聽得到聲音，轉個彎來到鯉岩，這塊巨石因其形狀而得名，高約三十英尺，以前形似一條逆流而上的鯉魚，但在一八九二年的濃尾地震期間翻倒，從此不再像鯉魚逆流。當地流傳以下的故事：

鎌倉時期，有位將軍奉命上戰場，雖然他履行戰士本分，但有件事令他放心不下，那就是他必須離開愛人。於是，兩人站在鯉岩前面，立下誓約：「不管分開多久，我們的愛將如這岩石般堅定不移。」將軍接著發誓：「如果我活著回來，我們將在這裡相見。」說畢就去打仗了。

他的愛人聽說戰爭結束，就每天來到岩石等待。最後將軍回來了，兩人重逢之後便結為連理。多年後，他們來到岩石舊地重遊，內心深處回憶起當初的誓言。

目前岩石覆蓋著植物和苔蘚，日本觀光客在那裡拍照留念，之後再走幾碼路回到妻籠，也就是我下一個崗哨鎮。

路程時間：三留野宿至妻籠宿：六公里（四點二英里），二小時

第13章

妻籠

（標高一八〇〇英尺）

思及往日
是夢乎，是真乎
夜裡聽聞
連綿秋雨之聲

良寬

雖然妻籠位在通往伊那幹道上的交叉點，因而旅人不絕於途，然而當年岡田善九郎經過這裡時，他的評價是：

比馬籠冷很多，只有幾處稻田和果菜園。這個崗哨鎮缺乏維護，許多當地仕紳都有債在身。低階人民以充當路過的人和馬匹的嚮導維生，在官方許可伐木的時期，許多人從事按日計酬的工作。

一九一一年，日本鐵道中央線通過木曾河谷地時，妻籠甚至失去崗哨鎮的身分，逐漸成為廢棄的村子，在四〇、五〇甚至六〇年代初的相片上，看到的荒廢建物和泥濘街道，反映這個鎮的商業受到忽視，而在經濟和心理造成的頹喪。然而物質的現代化不足，卻成為這個鎮的救贖，一九六八年起發起保留江戶和明治時期歷史建築的運動，在接下來的三年間，大約二十幾棟建築物獲得整理和修復，而在拿掉電線桿和電視天線後，整個村子又回到接近原本崗哨鎮的面貌，狹窄曲折，無法通行汽車和卡車的舊路兩旁是行道樹，且能飽覽群山美景，如今妻籠成為木曾路上的明珠，《今昔中山道一人案內》這麼形容：「妻籠就像電影場景，有一排商店和房屋，把古早的年代搬到現在。」

不過，這裡完全不是電影場景，所以街上沒有忍者、武士也沒有藝妓，只有為工作奔忙的人們，有日本旅客想在自己祖父母甚至更早的祖先們曾經待過的客棧投宿一、兩晚，還有幾位外國觀光客，逃離日本超現代的大都市，跑到人煙稀少的這裡來。紀念品店還在賣江戶和明治初期賣給旅人的許多東西，包括漆器盒和筷子、手製童玩、油紙傘，以及用山中藥草調製的藥。此外，以露天為主的小吃店還有在賣蕎麥麵和五平餅，吸引四百年前的朝聖客、出公差的武士以及遊客，建築物也跟兩、三百年前差不多，是木造的兩層樓建築，窗戶用木板條釘成，小露臺突出於狹窄的舊木曾路上方。

我看了鯉岩最後一眼，走過建於一六〇二年的口留番所，這座番所的目的是監控木曾、美濃和伊那三條路上的人車移動情形。口留番所於一六二〇年被廢棄，由木曾福島番所取代，目前只是一小塊平地，被低矮的石牆圍繞暗示年代久遠，右邊不遠處有一面老舊的大型木頭告示板，提供旅人訊息，也是該鎮的北方入口。左邊有個古代的水車，從三留野一路走來，這樣的水車還有一、兩座。緊靠水車的是一間小屋，更加深質樸無華的感覺。

走了三分鐘，就到我投宿的客棧藤乙，一個新舊融合得恰到好處的地方，成立於一九〇五年，經過翻新後，對西方旅客來說相當舒適，有厚軟的棉被、西式廁所、大型木造浴池在每天中午以後開放，客人在餐廳坐在椅子上用餐，因此深得外國旅客的喜愛，但除此之外也因為這家店的老闆洋平(音譯)會說一點英文、義大利文、法文和德文，現在他面帶微笑站在門口歡迎我，年約五十五歲、頭髮稀疏態度和藹的他仔細打量我的背包，充滿同情地看著我溼透的衣服，跟我說，再過一下子就可以使用浴室了。我謝謝他的好意，跟他說我想先到鎮上轉轉，一會兒回來。

實情是，因為現在我正回到街上，準備前往名叫Ko Sabo（註：位在妻籠北端）的咖啡屋，這間店位在一棟重建的江戶時期建築物內，現在有日本柏樹的矮桌，坐在地上的蒲團，店內展示當地的傳統手工藝品，樓上房間還傳來古箏的樂音，女老闆松瀨康子（音譯）以爽朗的笑聲歡迎我，距上次我和內人艾蜜莉以及我們八歲的兒子亨利路過這家店已經兩年，她看了我的衣服後，便唱起一首關於下雨的兒歌：「雨雨下吧下吧媽媽……」我也一起唱了起來，不久她給我端來一杯熱咖啡。

康子夫妻都相當了解木曾的大小事，她的先生在保存委員會工作，Ko Sabo的老建築就是他修復的，我們聊了很多這一帶的古老文化，她表示現代日本的飲食和生活態度已經走偏，她比較喜歡繩文時代的低矮的房子以及較天然的飲食。繩文人大多以狩獵和採集維生，他們是最早被發現的日本人，在木曾等地一帶生活到大約西元前兩百年，才被後來的彌生農業文化趕到北邊去。我說繩文人其實是生活在北海道北邊的原住民「愛奴人」的前身，但康子完全不同意我的說法。我注意到繩文人細緻的陶器設計，和今日愛奴人布料上的紋路之間的相似性，康子則反駁說，現在的愛奴人不製作陶器，我勉強承認她的觀點，又點了一杯咖啡。

最後，雨完全停了，但這裡沒有其他客人，康子提議我們開車回等覺寺看師父回來了沒，我們把咖啡店的門鎖上，才幾分鐘康子就開上一台新的豐田汽車，沿著彎曲的道路回到三留野。我再度對人們在這些狹窄單行道的開車速度之快感到驚訝（還有一點點驚恐），而當一輛車突然從對向迎面而來時，我試著表現若無其事的樣子，兩位駕駛及時剎車，另一輛車的駕駛倒車進入迴車道讓我們通過，我偷瞄康子，她的表情跟剛才端咖啡時一樣快樂，因此我猜這是稀鬆平常的事。

又經歷幾次驚險的轉彎後，我們穿過三留野，在等覺寺前停車。康子在住持的住處門口按了門鈴，還是沒有人應門，她是住持夫妻的好友，我原本希望能藉此機會參觀的，但緣慳一面。我們回到玻璃櫃中圓空刻的佛像，我這才發現在這些佛像背後，是閻魔和十殿閻王的像，這些神明會在死後靈魂下地獄時審判，幾乎一律被描繪成張大嘴巴的可怖臉孔，手裡拿著類似草叉或劍的東西。閻魔是地獄的統治者，祂坐在一張桌子後，桌上擺著亡者所有罪過的資料，白紙黑字，抵賴無效。不過，往往會有慈悲為懷的地藏菩薩從遠方的背後看見這一切，讓你知道這全都是幻象，你要做的只是覺悟。在等覺寺，十殿閻王背後的櫃子裡卻沒有地藏菩薩，只有阿彌陀佛，祂傳遞的訊息多少與此相同，那就是放棄我執，就不會下地獄。

鞠完躬，把銅板投入賽錢箱後，我們上車打道回府，途中在一塊石碑前下車，上面刻了一首詩人良寬和尚（一七五八—一八三一）在經過此地時寫的詩，石碑位在道路上方約十五至二十英尺一條潮濕長滿野草的小徑，我們費了好大的勁爬上去一窺究竟，高約三點五英尺的黑色石頭被雨淋得濕透，加上書法字難以辨認，最後總算解開上面的文字之謎，我把它記在筆記本上。

今晚寂寥中
公牡鹿

在新綠草堆
呼叫伴侶

良寬以他中文和日文詩作、簡樸生活，以及真誠與村中兒童玩耍聞名，他似乎一直孤身一人卻很快樂，一生只和一位女性談過感情，而且是在六十八歲的時候，我們很容易想像良寬穿著襤褸的袈裟，自在漫步於木曾的情景，他邊走邊化緣，享受當地的自然美景，晚上當然也睡在最破爛的客棧中。

至於我，我很高興將在舒適的客棧過夜，這裡有親切的主人，從窗戶就看得到山嵐，而且少不了一頓豐盛的晚餐，這些良寬可能都享受不到，或許是隨遇而安吧。

幾分鐘的車程就回到Ko Sabo，我向康子道謝後直奔藤乙，洋平再度歡迎我的到來，帶我爬上老舊的木階梯，來到位在二樓的客房，矮桌上已經放了茶和米果，我打算小憩一下。

藤乙的浴室跟柿其溫泉很類似，只是沒有景觀。地板、牆壁和浴缸都是木造（可能是杉木），更衣間和浴室之間以毛玻璃拉門相隔，浴缸的大小只夠兩個人泡，因此門上有鎖以確保隱私，我把衣服放入木格子後進入浴室，先沖洗全身，然後緩緩坐進熱水池中，把一切拋諸腦後，管他什麼水泡啦、險升坡、雨、塞到爆的背包，以及人在國內的編輯想知道我都怎麼度過時光。答案是，在泡到半夢半醒之際，小聲唱日本兒歌給自己聽，還有比這更好的方式嗎？

子之燕居，申申如也，夭夭如也

孔子放鬆的時候，他自由自在，洋溢著笑容。

《論語》記錄孔子言行，兩千多年來是遠東區的人們行為的圭臬，這句話讓我覺得即使是開心泡澡，都合乎孔子的教誨，我查了日漢字典中有關「燕」的意思，發現這字原本是指燕子的飛翔，也是自在和優雅的完美寫照。

不久，洋平叫我下樓用餐，晚餐有幾種河魚、茄子淋上濃稠的味噌醬汁，還有日本茶。我點的溫酒裝在小容器裡端了過來，我靜靜地獨酌。另外兩桌都是老外，我猜是德國人和法國人吧，其他都是日本觀光客，從他們的表情看來，對這裡相當滿意。

喝完清酒，天色已經變暗，雖然其他客人似乎全都回到各自的房間，但既然雨已經完全停了，我決定睡前在這座崗哨鎮到處走走。整個妻籠的道路都很狹窄，比其他地方有過之而無不及。老舊木造建築二樓的小陽台，大小僅容得下放置一兩個盆栽，這些陽台突出而遮蔽了大部分的夜空，但妻籠幾乎看不到街燈，客棧的紙糊和木造推拉門窗，無聲地流瀉出光線。我引頸欲望穿這漆黑一片，看見頭頂的一長條天空中充滿星斗，俳句詩人一茶在寫這首詩的時候，可能也站在同一個地點吧：

流入木曾山
天上的
河川

雖然白天的街道交通繁忙，但商店在日落不久就打烊因此無人在街上流連，大部分的客棧已經結束晚上供餐，客人早早上床就寢，只有一點光亮可供在蜿蜒的道路前進，南方邊界有一間小店還在營業，那是一家只有四、五張桌子的酒吧，可以讓幾位客人坐在裡面喝當天晚上最後的啤酒或清酒，這是妻籠唯一的一間酒吧，當地委員會曾經公開表示，這類店家並不能為這個崗哨鎮加分，儘管如此，洋平稍早曾向我解釋這間店的經營者青木女士(音譯)是兩個孩子的單親媽媽，她的先生幾年前被熊咬死，由於這個家族在妻籠已經居住多年，大家都不希望青木女士搬到前途未卜的其他地方，於是為她開了特例，而她也就在這個鎮的邊緣地帶勉強維生。透明玻璃推拉門的兩側掛著紅燈籠，以橫木搭建的小小建築物，看起來老舊到隨時可能倒塌，入口兩側各立了一尊兩英尺高的神明石像，或許是用來保護這個家族別再發生不幸的事，店裡傳來微弱的說話聲，我走回客棧，開始冷得發抖，我迫不及待鑽進被窩，在星河下走了短短十五分鐘，下石階回到藤乙，向還站在櫃台的老闆道晚安後，就回房間躺平了。

用完很棒的日式早餐後，我回樓上整理好內務就直奔街上。體貼的洋平前一晚就把報紙塞在我被雨溼透的靴子裡，現在靴子算是乾了，經過一晚好眠，我已經等不及要走到鎮上。

這座崗哨鎮的最北端多半在不同時期遭到祝融之災，但是重建和保存工作很用心且注意細節，隨著我一路往南走，很難察覺有任何改變。

通過一排老舊的商店、民宅和客棧，在我右手邊的脇本陣是第一個值得留意的地方，走過石門後，有仲介業者和村長住家，這棟建築物於一八七七年重建，裡面曾經有一間清酒釀造廠，為這裡帶來些許繁榮，如今三層樓高的建築還包括一處武士的出入口和花園，意外的是還有一間兩張榻榻米大小的廁所，是專程從京都請來兩位木工師傅打造的，給明治天皇在木曾旅行時專用。

脇本陣的內部很寬敞，有中央壁爐，裡面永遠都放滿正在燃燒的木柴，每一根椽木被經年累月的煙熏黑，我和幾位日本觀光客坐在榻榻米上，聽著嚮導的解說後一起到處參觀，欣賞與露台平行的花園，參觀天皇的廁所，最後遵照指示前往附設的博物館，門票相當便宜，即使看不懂日文的觀光客也很值得一逛，裡面展示幾件江戶和明治時期森林工作人員使用的古老工具，還有幾幅告誡世人的卷軸，描繪不幸的人走投無路而想取走木椿甚至只是樹枝的下場，清楚說明「一根樹枝、一顆頭顱」的不成文規定。尾張的藩主們為了維護自身權益，相當重視森林資源的保存，他們會毫不猶豫地殺雞儆猴，還有幾件讓人心情比較輕鬆的展示品，包括曾住在這裡的繩文人所留下的陶器和器物，最後在強化玻璃後面的，是幾尊圓空雕刻的小佛像。

回到街上，我又想起過去兩千年間走過這條路的人們：以狩獵和採集維生，卻製作出如此細緻陶器的繩文人，正在前往京都的義仲大軍、西行法師、芭蕉、良寬和山頭火這幾位詩人、宮本武藏、所有封建領主及護主心切的武士、商人和法喜充滿的朝聖者、逃離村中勞役以求安逸生活的人們、明治天皇等，他們全都曾走在這條狹窄的路上，有了這麼多古人相伴，很難感到寂寞。

繼續朝妻籠的中心區域走，我的右邊是個迷你郵局，從明治時期開始營業（有自動提款機），街道左邊爬上幾階破敗的石階，就來到一間小小的遊客中心，旅客可以買到有十九世紀木曾版畫的明信片、拐杖，以及驅熊的黃銅「熊鈴」，你也可以放兩千日圓押金來租熊鈴，到下一個鎮的時候再歸還。據我所知，包括我在內沒有人會歸還熊鈴，而是用它來紀念安全度過往南走的最後一關的馬籠峠，遊客中心也暗示這點，工作人員一定會告訴你，每個鈴鐺的音色都不同，鼓勵你先聽聽鈴聲，再決定要「租」哪個。

我在遊客中心買了幾張明信片，又選了一個鈴鐺——櫥窗後面坐在辦公室的女士確定我選的沒錯——然後下了石階回到街上，走過古時候的「升形」，這是木曾崗哨鎮上常見的正方形村民中心，目的是減緩敵軍的進攻速度，道路在此一分為二，往右是石疊路也是舊木曾路，左邊是延續之前的柏油路。

再走了幾步路，左邊再度出現一座石牆，標示是在一五〇〇年代中期存在的堡壘遺址，我沿著石牆爬上階梯，經過一棵從舊城堡同高度長出來的五百年櫻花樹來到光德寺，這是屬於臨濟宗的寺廟，據說一五〇〇年建在另一個地點，進入左邊的大門，就看到建於一七二五年的大殿正前方有一片鋪了沙子的廣場，寺廟的地板屬於「鶯張」的形式，走在上面會發出夜鶯般的聲音，夜裡讓師父們察覺侵入者的到來，類似的機關通常用在大名、軍師和貴族的宅邸，因此佛教寺廟的地板採用這種形式，不免讓人納悶。廟門上方有一塊巨大匾額，由劍師也是藝術家山岡鐵舟刻了光德寺殿四個大字，一具有輪子的轎子吊在住持家入口處的右邊，發明人應該是一八三〇至一八四四年間的某位修道院長，我跟住持聊天時，他告訴我那位修道院長太喜愛這座轎子，還曾經一路乘著它到京都，我說希望那位修道院長有很多靠墊，住持笑著同意地說，這趟路一定很顛簸。

出了廟門，我注意到一座小紀念碑，這裡是為往生的「鳥、獸和魚」的靈魂祝禱和奉獻金錢的地方，這裡不完全是貓或狗的墓園，但我在家鄉美國的教堂或寺廟，還不曾發現有專為小動物設置的類似場所，我駐足片刻，為這一生中曾經給予我快樂的所有貓狗合掌祈禱，在賽錢箱中放了一百圓，就小心翼翼走回陡峭的石階上。

走下石階，有一間供奉地藏的小廟（保護兒童、旅人和小動物的菩薩），廟旁有一塊大石頭，上面刻了寒山和拾得的像，這兩位特異獨行的僧侶來自中國唐代，他們的古怪行徑和詩句令人摸不著頭緒。有趣的是，石頭旁邊的告示說，這塊大石頭是在一九八四年的地震後才發現的，據信刻的是道祖神，至於為何在妻籠地區、是誰雕刻以及何時雕刻，則不得而知。

我走在以石疊鋪設的舊中山道上，右邊是松代屋，木曾路上年代最古老的客棧之一，這是格子木形式的兩層樓高建築，寬敞的入口通道永遠敞開，旅人可以一窺裡面，也提供這地方空氣流通、開放的氣氛，面對入口通道的是一排紅橘相間的杜鵑花，客棧內部也全以木造且鋪設榻榻米，沒有電話或電視機，唯一的現代化設備是一套西式廁所，客棧入口上方還看得到一塊邀請客人來這裡的古老告示板，幾年前我和妻子跟幾位朋友在這裡住宿時，曾經問老闆是第幾代，他回答：「呃，我是這棟建築的第十九代，但客棧在江戶時期被燒毀後重建，所有舊的記錄都不見了，所以真的不曉得在此之前確實經過了幾代。」

我試圖回想我自己的家族能夠追溯幾代，頂多六代吧。我想到上松的崛田女士和歷代祖先的牌位，想到峰子的先生在木曾福島的祖墳，心想他們對自身定位的感知，一定跟我自己的大不相同。

出了松代屋是一排商店和客棧，大約八分之一英里長，有一兩家給旅人和馬匹住宿的平價客棧還被保留下來，但現在只是用來展示，人住宿的地方只是馬廄旁邊墊高的木板平台，往裡頭一瞧，腦海中立刻浮現一句芭蕉的俳句。

跳蚤蝨子
和馬尿
我的枕頭邊

時間已近傍晚，但我繼續走過一間間老舊店鋪，每間店都敞開大門，好讓旅人看清裡面在賣什麼，這邊有間店賣杉木做的盒子和牙籤，那邊有家小店在賣骨董棉布和絲綢和服和浴衣，還有家店展示傳統玩具，全都是由當地人用當地的木材和紙製作。有一家出售頂級清酒的高檔清酒店，我最喜歡的「真澄」清酒是一家成立於一六六二年的酒廠製作，「七笑」則是一八九二年以來就讓人們快樂。來到鎮的邊緣，青木女士的居酒屋依然靜悄悄沒有營業，於是我走回藤乙，又趁晚餐前洗了個舒服的澡，小憩片刻。

晚上六點，市川先生的女兒聖子（音譯）小姐（她雖然從沒去過英美，但英文卻說的無懈可擊）和曾經教過市川先生英文的真琴（音譯）來到客棧吃十道菜的套餐，我是在一九六七年認識市川先生，當時我在名古屋的YMCA（有點像是日本的鄉村俱樂部）教英文，從他年輕的外表推測，大概只是個博學的十六歲男孩吧，沒想到他已經三十四歲，在夜校教日本文學。他周末都在爬山，這是從十七歲就開始的業餘嗜好，如今八十多歲了，健康開始走下坡，於是他練瑜珈，繼續讀英文，而且跟在木曾福島的時候一樣，總是盡己所能幫助朋友，我們吃著、笑著、聊著，幾乎都是關於我們一起爬過的山，有御嶽、駒岳、富士山（當時我被短暫的大雷雨嚇得半死）還有白山，若是市川先生沒有教我如何利用碎冰錐從冰雪中脫身，我恐怕還被埋在三十英尺的雪和冰底下。當然，我們也一同暢飲一杯杯清酒。夜幕低垂，市川先生不動聲色去買了單，就跟女兒及其朋友趁著夜色開車離開了。過分謙遜與慷慨的市川先生教我的日本文化和文學，超過所有我讀過的書，當我看著紅色尾燈消失在彎道時，我不知道這是否是他最後的友好示意以及道別，市川先生獨自住在伊那山附近森林中的小屋，就像他喜歡的孔子燕居之說一般自由自在，我搖著手叫道：「莎喲娜拉。」之後就上樓睡覺了。

我起得蠻早，昨晚的清酒並沒有帶來宿醉的頭疼，氣象報告說今天是晴天，西面的山籠罩在谷地的雲裡，被初升的太陽照成亮白色，木曾河在三留野往西邊走，但在那裡有個小支流叫做細野河流經妻籠的西邊，我依然身在山和河的國度。

窗外有幾棵櫻花樹上滿是麻雀，還有幾間歷經風霜的木造建築，屋頂是白泥和瓦，正對面一間傳統的石灰泥倉庫，屋頂也是瓦。谷地的雲霧之上是陡峭的城山，也是妻籠小城的舊址，這些護城河再度令我留下深刻印象，因為要引水到那麼高的地方，想必是極度困難。

七點半我下樓吃早餐，有柳橙汁、香蕉、牛奶、吐司麵包、優格、橘子果醬、用火爐煎的雞蛋和火腿，以及咖啡，我在跟洋平聊天之際，一位小姐走過來，問可不可以也來一客早餐，老闆道歉說，這種西式早餐是前一天晚上專門給住宿超過一晚的客人準備的，她明顯露出不悅的神情，我把剩了的一片麵包給她放進烤麵包機裡，這下子皆大歡喜，後來她跟大家說：「我是法國人，你們知道的，我吃不慣這種日式早餐。」她的這番話難不成是說，我們美國人不挑嘴是出了名的嗎？

回到房間後，我重新打包行李，準備踏上這趟旅程的最後一段路，我打算去遊客中心託運行李，他們會把行李運到馬籠的遊客中心，這個便利的服務讓行走在馬籠峠變得輕鬆許多，雖然那裡不如鳥居峠陡峭，但路程較長且包括多次上坡和下坡。不過，現在只有一個問題，我手上有一本《今昔中山道一人案內》的精裝版，裡面有關於木曾路的寶貴資訊、地理描述、和與這條路相關的詩、當地的故事，以及我想要的幾乎所有一切。現在哪怕是一時半刻，我都不願意讓它離開視線，但我沒辦法拎在手裡走步道，我下樓跟洋平說我的難題，他二話不說帶我到一間店，裡面專賣傳統棉布肩背包，於是問題獲得圓滿解決。當時店還沒開，洋平敲了敲玻璃門，老闆娘看見他的臉後，便堆滿笑容出來應門，沒多久就做成一筆生意，我們跟女士道別，直接奔回藤乙。

出發的時間到了，結帳時洋平微笑解釋說，市川先生不光是付了昨天晚餐的錢，連我在客棧的所有費用都結帳了，令我驚訝地說不出話來。洋平夫妻、女兒以及所有工作人員列隊向我鞠躬道別，於是在此起彼落的道謝聲中，我轉頭登上石頭鋪設的台階，來到舊木曾路。

我在遊客中心託運背包時，又再次感受日本人的慷慨。我在邁阿密為這趟旅行找資料時，曾經讀到一本參考文獻叫做《木曾名所圖繪》，這是木曾路的指南鉅著，寫成於一八〇五年，我在日本亞馬遜網站上找到一本，雖然價格不斐，但還是立刻下了訂單。不到一個禮拜，精裝本的《木曾名所圖繪》就送到我家門口，我充滿期待打開書。這是原版書的重印，但全部使用草書體，對大部分現代日本人來說都很難懂了，更何況是我。我嘆了口氣，將書放在架子上，埋頭找其他資料。

正當我把背包交給遊客中心，一面填寫表格之際，我把這件遺憾的事情告訴坐在櫃台後，名叫藤原義教（音譯）的職員，他帶著同情的表情聽完，消失到辦公室片刻，拿著一本書走出來。「您是說這本嗎？」他打開書，同樣是《木曾名所圖繪》，只是全部使用現代日文印刷，「請拿去吧，」他說著就放在我手中。我試圖推卻他的善意（我承認有一半是做樣子），但我知道這麼做是沒有用的，我們又聊了一下木曾路，他走過全程幾次，我把我第二本《木曾名所圖繪》塞進新買來好用的肩背包，深深一鞠躬便往南走。

清晨的妻籠有它自己獨特的魅力，攝影師往往會趁日出前捕捉美麗的光景。群山圍繞在村子四周，而後似乎在道路轉向時突然讓出路來，沿路到處是茶花和杜鵑花，葉子鮮豔的楓樹使石灰泥的倉庫相形遜色，橫木搭建的露臺在清晨中依然黑黝黝，不多時，西方的群山隨著太陽升起而逐漸變亮，太陽還藏在道路對面的山後頭，幾間店的主人開始敞開玻璃拉門，等待萬一有早起的客人上門，但大部分觀光客還在客棧，要不就是才剛吃完早餐，或在房間裡打包行李。

今天早上，路上沒別人，空氣冷而清新，在這樣的日子，雲大多散去它該去的地方，我在村子裡走，只聽到我的拐杖敲擊人行道和綁在雙肩背包上那只小熊鈴的聲音，走過位於鎮邊緣的青木居酒屋不久，道路變得狹窄，接著穿過一座私人墓園，這時的河在我右邊，我再度聽見水聲。現在太陽已經升起，水氣從收割的小片稻田蒸發，此刻的道路為先上坡之後下坡，但對我來說以上坡路居多，然而少了背包後，就可以保持相當不錯的步調，很快便趕上兩名短程徒步旅行的中國女孩，她們在上海讀外語學校，在名古屋進修，來日本的鄉間度周末，兩人看著我的小熊鈴嚷著好可愛，又問為什麼一個大男人要戴這種東西，我盡最大努力解釋，同時不引起她們緊張，她們輕笑了一下，然後決定已經走得夠遠，想要回到妻籠，我們互相道別後，我繼續行程。

現在我跨越了大妻橋，道路呈緩升坡，轉進一小段石疊，接著穿過濃密杉木和柏木林的下坡路，路邊有一只熊鈴被綁在一根木樁上，我用力搖它。我繼續走在陡峭的上坡路，看見一座石碑，上面刻著一尊佛，保佑那些背負重物在這條路上吃力前進的牛。我很難想像四足動物能在這條路上行進，儘管我知道軍閥騎馬在這條路上行走，但我再次想知道那些方丈坐在附有輪子的轎子裡顛簸前進是什麼滋味，至於我，倒是很樂意靠雙腳前進。

不久，我通過大妻籠過去的村落區，那裡有幾座庚申紀念碑看起來像古墓，還有幾間很舊的客棧，其中一間客棧的門口綁了一隻大白狗，但那隻狗根本不甩我，因為在這路段上的徒步旅行者並不少見。

又走了一百碼，坡度變得更陡，之後下降來到叫做下谷的小村子，又過了幾碼，看到一座紀念碑和一座頹敗的神龕，供奉著倉科七郎左衛門，根據《今昔中山道一人案內》，跟這座神龕有關的故事如下：

一五八五年的七月，豐臣秀吉受封就任「關白」，成為松本城的城主，小笠原貞慶連同隨從倉科七郎左衛門，送了金銀做的公雞，以及蠶、繭和劍作為禮物，不料這些寶物被竊賊發現，於是殺了七郎左衛門，將禮物偷走，後來他的妻子在那裡種了核桃樹，說道：「願我夫君的敵人因為所做的惡行，而受到如核桃數目一樣多的懲罰。」之後發生了一次土石崩塌，將山谷裡的村莊整個淹沒，村民擔心是因為七郎左衛門的詛咒造成，於是建了一間小廟，來奉祀他的靈。

再走一點，一條往左穿過林子的狹窄岔路通往男人瀑布和女人瀑布，這兩座瀑布是拜吉川英治的小說《武藏》而出名，書中杜撰的女主角阿通，是個純情無悔追隨劍客宮本武藏的女性，她曾和武藏在這兩座瀑布下打坐，一如許多人猜想的，男人瀑布比較大、水量也比較多，女人瀑布則比較纖細，比較像是沿山壁流下的水花，根據古老的指南書，兩座瀑布底下的水池，在江戶時期因為地震而被掩埋，但卻是個駐足消除疲憊的安靜地方，在可預見的未來，攀越山隘不會變得更加容易。

我再度攀登以木板強化的階梯，出了小徑來到一條狹窄的公路和一間目前已經荒廢的茶屋，十五年前我和妻子曾在這間茶屋吃五平餅，喝綠茶。我往左走上到公路，跨過一座狹窄的木橋，再度來到舊木曾路，原本兩旁的杉樹小徑現在是岩石和樹根，是沙子，是短木橋，是石疊。早期的旅人如何穿著草鞋走過這些路？軍閥們肯定為了這趟旅程而精挑細選人才。

最後在往山隘頂端的途中，有一間一石栃茶屋，這棟木造建築有超過兩百五十年歷史，外表被煙燻黑，前面完全敞開。茶屋裡有大張桌子，一位老人發免費的茶和糖果給大家（接受自由樂捐），旅人也可以將茶屋的名字燒在登山杖上，茶屋於一七四八至一七五一年間從山谷較低窪處遷至這裡，並且用未加工的木材修復，當年曾經是小隘口，現在有一大片櫻花林，下面有個供奉送子觀音的神龕。

我坐在其中一張老舊的木桌旁，喝了幾口茶後，請老人幫我把茶屋烙印在登山杖上，坐在我對面的是一對德國年輕夫妻，他們往妻籠步行，之後再坐公車回來，他們很喜歡這趟短程徒步旅行，並且問到木曾路往奈良井方向的情形，表示明年要嘗試全程徒步。

我在樂捐箱裡放了幾百圓，向德國夫妻道別，繼續在這條老舊的路上走，當時這條路真的就只是一條泥巴路。老人提醒我，和宮親子內親王於一八六一年從京都下嫁給第十四代德川將軍家茂的空前之旅，曾經在這裡暫停，有個故事說到她在中途遭到暗殺，而後以平民女性取代（家茂從沒見過她本人），以阻礙皇室和幕府將軍的聯姻，因而加速了幾年後幕府將軍的衰亡。就在和宮降嫁之後六年，名古屋發生「不是很好嗎」（ええじゃないか）的騷動，延燒到整個南木曾，這項運動的追隨者，在笛子和鼓的伴隨下沿路狂野跳舞，「不是很好嗎，不是很好嗎？」一面把護身符到處扔，為當地人帶來好運（和奇事）。

不過，我既沒熱舞也沒唱歌，而是以穩定步伐一路爬上坡，途中遇到大約三百五十位中學生和倦容滿面的老師正在修學旅行，我開心回答他們的「哈囉」數百次，他們不久就消失在這條老舊的小徑，最後我來到馬籠峠頂端，標高二六二八英尺。小徑旁有一家茶屋，一個木造的路標上刻了正岡子規的俳句：

白雲、綠葉、新芽

一里

又一里

從這裡開始一路下坡，我從熊野神社前的沙地眺望濃尾平原。沒有山了！我繼續循下坡路走，經過一片農舍，這些從一七五三年以來就逃過所有火災，前院正在曬豆子跟其他蔬菜，長串的柿子從江戶時期的木造露台上垂掛下來。這群房子再過去有一處小墓園，裡面有些石碑上刻了中文字，這些字如今除了學者以外，已經無人能懂。沿小徑再走大約三百碼有一處休息區，一具幾乎無法辨識的石碑上刻了十返舍一九的話，十返舍一九是江戶時期的作家，關於他的記述涵蓋了東海道和中山道，一對日本夫妻跟我仔細盯著石碑瞧，最後總算讀出這段困難的文字：

我在這裡沒看到任何美女

但栗子飯著實馳名！

繼續往下坡走又是石疊，小徑兩旁是柿子樹。每年這個時候，柿子樹光禿禿，但結了纍纍的亮橘色果實，我從樹下通過時，有顆柿子不偏不倚打在我頭上，繼續走一點，有座歷經風霜的道祖神石碑，我捐了一點點香油錢，感謝能完成這趟路，最後小徑變寬，來到一處遠眺伊那山的觀景點，據說天照大神這位女太陽神的臍帶被埋葬在這座聖山上，而山腳下則住著我的朋友市川先生。這是個美麗晴朗的天氣，和第一天在雨中步履闌珊，走在陡坡路前往贄川的情形簡直是強烈對比，我一刻都不想休息，繼續沿著下坡路來到馬籠，也是木曾路最南邊的崗哨鎮。

路程時間：妻籠至馬籠：八公里（四點八英里），二小時五十分

第14章

馬籠

（標高一二五四英尺）

獨自投宿
在大廟
多冷的夜啊！

十返舍一九

走在石頭鋪設的陡降坡，兩旁是商店，我閃進我在馬籠最喜歡的咖啡店，在那裡可以能看見一望無際的伊那山，還可以……放空。這是十一個崗哨鎮的最後一個，也是最後一站，烏鴉在遠方啼叫，空氣清新，從我坐的位置，看到山谷彼端的遠方有間大佛寺，瓦屋頂突出於樹頂端，這是「空」的世界，或者以我來說，是心靈放空的世界。

吃完這家店的特製午餐雞蛋三明治和香蕉奶昔，繼續走在陡降坡上，到處都是觀光客，畢竟今天適逢紅葉的旺季又是周末，其中幾位觀光客的穿著頗為怪異，有個學生的毛衣上印著「嬰兒玩偶：更高興！」一位小姐穿的T恤上則是：「前方有什麼？悲慘的旅程」還有個人的T恤則建議我：「喝果凍」。他們到底從哪裡弄來這些衣服，為什麼我專程找，卻老是找不到呢？

在附近的中津川搭中央線國鐵，最容易到的城鎮就是馬籠，或許也是所有城鎮中最繁榮的，大部分建築物都在一八九五年的大火中被燒毀，但由於是遵照傳統建築重建，因此在平常的日子裡，這裡依然保有舊木曾路的風情，島崎藤村在小說《黎明前》，是這麼形容這個地方：

〔在崗哨鎮內〕公路兩旁豎立著石牆，一步步、一級級，平民百姓的人家建在石牆之上，為了盡可能擋掉風雪，屋頂的木板壓上一排排石塊……雖然可以說〔這個鎮〕在山中，但愈往伊那山山腳就愈開闊，在那裡可以遠眺廣大的美濃平原，西方〔西日本〕的氛圍似乎穿過這裡進來。

如今當我從北邊進入這個崗哨鎮時，情況就跟藤村在上一段中描述的情節一模一樣，石牆和地基隨地勢升高，將表面整平，屋子就蓋在上面。屋子的前方到處都是鯉魚池，水汲取自屋子下方的地下溝渠。

不過，馬籠並不是一直都像現在這麼生氣蓬勃而且乾淨。根據《木曾街道yadotsuke》，這裡是個「悽慘的崗哨鎮」，《壬戌紀行》寫到：

這個鎮土氣又粗魯，有些地方雇用女僕賣春，還以「用餐處」做廣告。這裡還有替錢幣兌換處高估資產評價的地方。

岡田善九郎經過馬籠時，他的印象也好不到哪裡去。

雖然這座崗哨鎮在木曾谷內，卻位處美濃國的門戶，是個溫暖的地區，因此稻米和蔬果田的產量豐富，甚至還種得出桑樹和構樹。儘管如此，稻田和蔬果園卻不足以支持這地方的人口（善九郎的時代只有六九五人），人和馬付出勞力卻得不到酬勞，崗哨鎮的領主經常舉債度日，整個鎮更是荒頽。影響所及，由於貧困階級幾乎沒有田地，只好以養牛或從福島和松本運送貨物到名古屋和美濃來勉強度日，他們也替前來朝聖的旅人搬運行李到善光寺〔在名古屋〕，每年夏天有些人以養蠶維生。

走下坡，經過脇本陣的舊址，在它後面有一間博物館，收藏江戶極盛時期的文件資料和文物，以及木曾五樹的實物樣本。《黎明前》提到：

檜、椹、明檜、高野槙、樶，據說是木曾五樹。這些樹木多半生長在深山……管理木曾山的尾張藩，對生長在這地區的優質木材給予相當高的評價，規定很嚴格……因此，沒有一棵柏樹遭到任意砍伐，在官員的眼中，一棵樹比一條人命還值錢。

最後，我在遊客中心領了背包，謝謝工作人員讓我最後一段艱辛的徒步旅行減輕了五十磅的重量，我在一條窄巷右轉，不到五分鐘便緩緩爬上兩旁都是地藏像的長石梯前往永昌寺，雖然從馬籠的主幹道只有一點路程，但周遭極度安靜，甚至是凝結。沒有人群，沒有店家老闆充滿期待站在門口，沒有滑稽的T恤，有的只是一尊大型觀音像，後面是一株完全轉紅的楓樹，在寺廟的正門前方。進入廟前的廣場，我等待住持夫妻過來，我沒有等很久，他們還帶著一隻白色的博美狗，這隻混種的玩具捲毛狗開心在碎石地亂跑，之後跳進住持太太的懷抱。

在一陣禮貌的寒暄後——幾年前我曾在這間廟過過一晚——他們帶我到供學生和旅人住宿的「宿坊」，有兩間鋪了榻榻米的房間，裡面有一張矮桌和幾個坐墊，棉被放在櫃子裡，「床之間」有一只未上釉的瓶子和一幅卷軸，上面用毛筆寫了「忍」字。廁所在狹窄的木地板步道盡頭，浴室在靠近寺廟的入口處。

走路走得疲憊的我從櫃子拿出小枕頭，準備在寺廟的寂靜中就寢，我從打開的紙拉門，看不太清楚這間廟精心整理的花園，有楓樹和杜鵑花，寺廟邊界的山丘上有幾株松樹，還有幾顆大石巧妙地擺放在這一千平方英尺的空間，看似沼澤的淺池塘中有睡蓮，橘色、白色和黑色斑點的鯉魚慵懶地游來游去，天空依然相對無雲，一股睡意適時襲來，我閉上雙眼，就……

「哈囉，威爾森桑！」背脊筆挺坐著的是我的恩人肥田（音譯）先生，曾任中學校長，是木曾路專家、山頭火的鐵粉，也是住持的好友，兩度替我安排在這裡過夜，包括這次在內。我們開心握手，喝茶配豆餅，聊了一會兒，他說他在馬籠有工作要做，但今天晚餐會來跟我碰面，還會帶一位電視攝影師來訪談。什麼？呃，好吧。我起床在花園邊目送他離去，回到房間又陷入走路的夢境中，走路，經過各種佛像和神像，祂們一路保佑，我還夢到叮叮噹噹的小鈴。

永昌寺是屬於臨濟宗的大廟，位在山丘上，這間廟建於一六六一年，大殿在一七八九至一八〇一年間重建，主殿旁的觀音殿供奉一尊木造的阿彌陀佛像，高約十八英尺，是在平安時期末用一塊柏木雕刻而成，這座寺廟是菩提寺，不光對島崎家而言，其他許多幾百年來生活在馬籠的人也是，大殿後有一個房間，裡面全都是歷代祖先的牌位，寺廟西邊稻田正中央有個地方叫做比丘尼寺，那裡豎立了八尊石塔，石塔放在那邊令人不解，有些石塔沒有傳統上代表風、空、火、水、地的五顆石頭，因此這座廟可能最初跟真言或天台宗的東密有關，但關於這點已經沒有資料可供查證。

在小而舒適的木頭澡盆裡泡了二十分鐘的澡，我吃力走回房間吃晚餐。肥田先生跟我坐在矮桌前的坐墊上，師父端來用紅黑相間的漆器盤和碗盛裝的精進料理，這是給佛教師父吃的正式素食，今天晚上有烤茄子、三種馬鈴薯、煮黃豆（用糖、醬油醃過，當然還有其他幾種材料）、薑、兩種做法的豆腐、味噌湯和啤酒。果不其然，一位來自名古屋當地電視台的攝影師來訪問我，個頭高大、永遠面帶微笑的肥田先生熱情如火，在攝影師問問題——「你對餐點的印象如何？馬籠呢？木曾路呢？」——的空檔，我們笑著聊到山頭火以及獨自走木曾路的意義，而肥田先生已經走過多次，他顯然還帶著教書多年的習性，在禪師說明非常講究美味的餐食時，熱心地對攝影師說教起來。

晚餐後，師父的妻子還是照舊膝蓋上坐著小白狗，她開車載我們到鎮外一間酒吧，肥田先生大學時代起就經常光顧，後來在他擔任中學校長的漫長生涯也是，這家店只是個寬闊的開放空間，裡面擺了桌子，桌子前有個吧檯，排了大約十張高腳椅。今晚只有一位客人，一位老人坐在拋光木質吧檯前，他顯然已經抽了不少菸，對著卡拉OK機唱歌，另一位老人則是把三箱柿子去皮串在繩子上，掛在陽台做柿乾。七十幾歲面帶微笑的女將有一隻十五歲的貓，多年前在某個寒冷的天氣來到店裡，然後住了下來。肥田先生點了七笑清酒、串烤青花魚和骨酒，在等待下一道菜端來的空檔，他跳到麥克風前，用英文和日文大聲唱出旋律優美的《玫瑰》(The Rose)，日本人還真是個愛唱歌的民族！也難怪卡拉OK是這個國家發明的。

最後，師父出現在門口，他嚥下一杯清酒後，在大雨中開車載我們回廟裡，車子開在蜿蜒的路上，肥田先生發表了關於「龜蟲」(即椿象)的演說，這是一種秋天大量繁殖的臭蟲，牠的出現預告冬天會下大雪。他說，龜蟲像小型的黑烏龜而得名，夏天會吃桑葚，秋天到人的屋子避寒，這些蟲子躲在人看不到的床鋪裡，等到被發現為時已晚，一碰就發出討人厭的臭味，瀰漫整個房間。我在野尻和柿其溫泉看過龜蟲的蹤跡，但沒有碰牠們。佛教徒的如如不動。沒問題。

回到廟裡，肥田先生對我面帶微笑深深一鞠躬，然後跳進自己的車子裡，開二十幾英里的路程回家。肥田先生這位一流的說故事家，是肥田源氏的後裔，家族和木曾谷有很深的淵源。

聊天和唱歌讓人疲憊，我向師父說了晚安後，穿過走廊回房間。我快速檢查看有沒有可怕的龜蟲，把被褥攤開，進入我在木曾路上最後一晚的睡眠。

一大清早，我在棉被像冰塊般的感覺中醒來，晚上我醒來好幾次，轉開瓦斯暖氣，等暖和了一點就繼續入眠，禪師理應是堅強的，或許這個睡覺的地方就是為了使他們成為堅強的人。薄薄的牆壁若不是紙做的，就是用泥土和稻草糊的，根本不適合對抗氣溫逐漸下滑，大多數日本傳統住家都是如此，再加上這些屋子距地面相對高，可見日本列島早期的住居方式，含有波里尼西亞的風格在內，然而日本語屬於烏拉爾阿爾泰語系，文法非常近似韓文，韓國是我這輩子去過最寒冷的地方之一，暖房系統的電路在房子下方，透過某種漆器的地板傳遍整個屋子，如果第一批從朝鮮遷往日本列島的移民，忘記這種實用且溫暖的抗寒設備，那麼我正在為他們當初的粗心大意付出代價。

先把這些擺一邊，這的確是我在木曾路經歷過最寒冷的夜晚，讓我不禁懷疑善九郎將馬籠評價為「溫暖的區域」，究竟正不正確。我看著壁龕上的卷軸「忍」，努力強化自己的信心。

不過，今天早晨很亮、空氣很清新，紙拉門外看得見粉紅和淺綠色的美麗山景，我重新整理過背包後，再次檢查確保龜蟲沒有鑽進我乾淨的內衣褲或襪子裡，然後慢慢走到露台，發現精進料理的早餐早就擺好在矮桌上等我了，我很高興看到有很多咖啡可喝，這在禪寺並不常見。我跟住持夫妻輕鬆聊了一陣子後，到了該上路的時刻，來到門口，他慷慨地給我一張島崎藤森親筆寫的詩作為紀念品，這首詩印在一張像硬紙板的紙上，以難懂的草書寫成，除此之外我的背包再也塞不下任何東西了。

在前門的木階梯上綁好鞋帶，在活潑的小白狗陪伴下走到白石子的庭院，我數度向住持夫妻鞠躬，走下石階回到馬籠。時間對旅人來說還太早，於是我靜靜走到馬籠的南端，途中在廣場經過巨大的水車，坡道底端經過巴士站及商店後，道路一分為三，直通西南方的是中山道，氣氛的變化之快令人感到不可思議，賛川的路啪一下被群山擋住，現在又啪一下整條路豁然開朗，我站在開闊的田野、矮丘和一望無際的天空正中央，不知怎地呼吸變得更順暢，步伐愈來愈輕快。

感覺時間過得好快，我通過荒町這個小村落，看見道路右邊有一塊小小的高地，也是馬籠城跡所在。根據路標，木曾義昌曾經派他的將軍島崎重通擔任城主，然而一五八四年馬籠城遭到德川家康攻打，重通逃到妻籠城，後來義昌被調去別的藩國，於是重通從妻籠來這裡開墾，打開了崗哨鎮馬籠。

現在道路成了以下坡為主的蜿蜒小徑，左側是鳥居門和一排濃密的杉樹，看得出這裡是通往另一間諏訪神社的入口。

一八九二年六月，二十五歲的俳句詩人也是記者正岡子規沒有參加大學考試，決定追隨芭蕉旅行日記《更科紀行》的足跡，他在《吊橋之記》中寫到：

今晨晚起，但雨尚未歇，遂請客棧女侍代為購買雨衣。自馬籠下山，山間田野遼闊，麥穗已然轉黃。在木曾谷，哪怕只是一吋土地，都用來種植桑葚，哪怕只是一戶人家，必定以養蠶維生，身在此處，恍如另一個世界。

離開木曾路

和桑葚

是稻浪吧

在一小片開闊的田野上有座石碑，上面刻著這個俳句。

不到一英里的路程，我來到位在西部邊境的新茶屋，在它外圍有一座一里塚，標示是美濃和信濃國的交界，我忍不住做了每個通過這裡的人會做的事：把一隻腳放在美濃國，一隻腳放在信濃國。不遠處有個石碑，刻了芭蕉的俳句，

被人送行
替人送行
就到了木曾的秋

另一座大石碑是一九五二年才豎立在這裡，上面的字是由藤村揮毫所寫：

是より北木曽
從這裡開始往北，是木曾路

我已經來到木曾路的盡頭，雖然還不是這趟徒步旅行的盡頭。前方約一百碼左右，中山道偏離主幹道而一路往西，穿過美麗的林地往復蜿蜒，路面多半是石疊。這裡是十曲峽，以十個彎道命名。最後陡峭的路結束，我穿過名叫山中的小村子，又走了大約一百五十碼，供奉藥師如來佛的醫王寺在我的左邊，入口處的石碑上刻得字難以辨識，也是這次旅程最後一首芭蕉的俳句：

梅花香氣中
太陽在山間路上
倏忽升起

這裡還有個破舊的牌子宣傳狐膏藥，顯然是很久以前在這村子裡販賣，在《續膝栗毛》中寫到大聲吆喝招攬客人的店員，如何使盡渾身解數來兜售：

照過來、照過來，拜託買點兒吧。這罐有名的狐膏藥，能治腳痛割傷劍傷燙傷和膿腫。無論在哪裡，一擦便有效。隨身攜帶、隨時使用，就像有錢人金銀不離身……買幾罐以備不時之需！

我問附近一間店的老闆，這種神奇的藥還買不買得到，他只是哈哈一笑，揮著手叫我別鬧了，於是我決定做一件在買藥之外最棒的事：我費力走到舊的崗哨鎮落合，經過本陣和脇本陣的舊址（現在早就不見了），路過善昌寺，找到美山咖啡店，也是我和羅比、蓋瑞步行的最後一站。

落合有大約九十間屋子，這裡以西多半是坡地，但出了深山就不再有險峻的山坡，心情也變得輕鬆。離開木曾路來到這地方，初次有種回到家的感覺。

貝原益軒

喝了一大杯濃濃的日本咖啡，我叫了計程車到中津川的中央線鐵道車站，啟程返回東京，然後回到邁阿密。

這趟旅行結束了。不久，木曾谷的紅葉將會掉落，氣溫將像溜滑梯般下降，我留下的所有蹤跡，將被寒冬的雨和雪覆蓋。

路程時間：馬籠至落合：四點五公里（二點七英里），二小時

後記

走木曾路有各種理由。眾所周知，蘇格拉底、尼采和康德走路是為了想事情，當他們被四面牆侷限，身體動彈不得，思路也跟著遲鈍而難以伸展。對盧梭和謬爾來說，走在野外令他們充滿生命力，「生命包含了狂野原始的成分，」盧梭寫到：「而最活生生的，就是在野外。」

日本詩人西行和芭蕉走路，從熟悉和習以為常的光景中感受自己的存在，因而獲得種種美學的觀點。另一位日本詩人山頭火說，他走路是因為這是他除了喝酒和寫俳句以外唯一會做的事，他花了將近三十五年的歲月在路上。

在務實的層面上，每個人，尤其是年長者或久坐者，為了健康著想最好多走路，讓血液循環周身和腦子。大腿有身體最大的肌肉，動一動大腿肌能有效將氧氣和養分打通全身系統，當然，許多人以走路代替交通工具，有些人則只是為了從家裡走出去。

以我來說，我喜歡走長程的路，跟中學時代喜歡賽跑以及後來喜歡慢跑的理由一樣。經過最初的十到十五分鐘後，身體進入的節奏讓我的心智處在冥想狀態，一掃沉積心中的雜念。我不像偉大的哲學家，不覺得走路或跑步是深度思維的泉源，我甚至不認為能帶來任何思維。

而這也是我喜愛走路的另一個理由，就是不僅完全跟隨身體的節奏，也全心參與周遭環境的節奏。當我的意識脫離煩惱和雜念，就能用與平常不同的方式來看、聽和感受周遭一切，我走的每一步與周遭契合。這種心理狀態，經常被稱為身在當下或用心，當我走路的時候，可以不費吹灰之力達到。

旅行的理由也是五花八門。有些人把旅行當作娛樂，有些則是去看沒看過的風景，認識新朋友，有些人是為了逃離工作和家庭，解開日常生活的束縛，現代人旅行的問題是，只要可能的話，經常會把日常生活帶著走。我會需要穿什麼樣的衣服？哪些東西是不能沒有的？我要帶什麼書或影片去？該如何跟家人朋友保持聯繫？我該不該帶iPod、iPad、iPhone、Nook、Kindle、筆電去？

古代日本和中國人稱旅行為漂泊，意思是「漂浮在河或溪流上，隨波逐流」以及「停下來過夜」，就是放下一切，愛去哪就去哪，把最起碼的必需品塞進一只背包。少了習慣的奢侈品或許帶來不舒適，但舒適很少是旅行的目的，家裡就很舒適了，如果你找的是五星級旅館，你在家附近可能就找得到，又可以省去大筆旅行的花費。

好在現代旅行提供多種交通運輸工具，但這也可能是缺點。去歐洲或遠東通常是先搭飛機，再從機場搭巴士或計程車到飯店，之後通常再搭計程車、巴士、火車或船去當地景點觀光，到頭來佔去很多旅行的時間，雙腳幾乎不接觸地面。日本人把這叫做達摩旅行，來自禪宗的達摩祖師，他因為久坐，兩條腿都掉了下來。

如果我們旅行是為了追求新體驗，而不只是為了拍照和享用當地美食，那麼這年頭的旅行往往缺乏前者。我們就像江戶時期的軍閥，坐在現代的轎子裡，到達目的地才冒出來，錯過了中間的過程，搭火車或巴士來到崗哨鎮，沒能從比較慢但穩定前進的一步一腳印當中獲得滿足，沒能體會遙望遠方目的地的痛苦折磨，以及期待旅行結束的甜蜜。但是，當我們繞過賣著五平餅（用甜味噌醬燒烤的軟米餅）的小茶屋，也就沒能品嘗三百年來行走於木曾路上的滋味。

行走在木曾路的崗哨鎮之間不盡然是辛苦的，路程短則三個半小時，有些長到六小時。崗哨鎮之間的風景多半令人驚艷，很多時候可以把內心放空，找到自己的步調，有奇特的山村，帶你回到幾百年前的小鎮，也有像木曾福島這種大城鎮，有非常值得拜訪的歷史古蹟。

對木曾的歷史文化或對江戶時期走路文化特別感興趣的旅人，可以先讀幾本書，其中有些在本書最後面的建議讀物中有標註。此外，雖說只要清楚、慢慢說，大部分的日本人（特別是年輕一輩）懂得簡單的英文，但最好隨身帶一本常用日語短句的書。

不過，若是在木曾路上旅行，你只需要幾件必需品、開放的心、歡喜的心情，和用腳走路的決心。

請慢走！
你原本以為的旅行目的
其實只是意義的殼和外皮
唯有達成真正目的，才能破殼而出。
如果有目的的話。

艾略特，四個四重奏，《小吉丁》

名詞說明

馬頭觀音（馬頭観音，Batto Kannon）	以馬頭做為頭飾或馬頭人身的觀音像，據信能祛除邪靈，保護動物，特別是馬和牛。日本的路邊經常放置刻有馬頭觀音的石碑，特別在北部和中部，從研究肖像的角度來說，馬頭觀音可能以多個頭和多達八隻手臂的形象出現。請參考「觀音」。
菩提寺（菩提寺，bodaiji）	家廟。
茶屋（茶屋，chaya）	供人休憩的屋子，經常位在路邊。請參考「峰之茶屋」和「中之茶屋」
氣（気，ch'i）	構成世界的最初能量。
竹輪（竹輪，chikuwa）	一種魚漿，經常塞進一根小管子中使之定型。
白蘿蔔（大根，daikon）	大型的日本白蘿蔔
道祖神（道祖神，dosojin）	老公公和老婆婆，經常被描繪成面帶開心的笑容、保護旅人一路平安。路邊的石碑常見，有時石碑上只刻了漢字「道祖神」。由於源自古代道教，已經被融入神道的廟堂之中。
浴池（お風呂，o-furo）	日本的傳統浴池，經常以杉木、磁磚製成，以往也有鑄鐵浴缸（底部會鋪上木頭，以免水溫太高燙傷人）。進入浴池前要先塗抹肥皂然後徹底清洗乾淨，只要沒有人在後面等，就可以泡到高興為止，有些浴池只容得下一個人，有些多達六人。公共澡堂稱為錢湯（sento）。

被窩（布団，futon）	不用時疊好，使用時鋪在地上。
外國人（外人，gaijin）	字面上的意思是，本國以外的人。
深酒杯（ぐい飲み，guinomi）	小杯子，通常是瓷器，用來喝清酒或茶。
有人在嗎（ごめんください，gomen kudasai）	字面上的意思是「抱歉」。在他人的住家或店家門口告知自己到來。
不好意思（ごめんなさい，gomen nasai）	道歉用語（例如：對不起）。
外褂（羽織，haori）	披在身上的日本式外衣。
心經（般若波羅蜜多心経，Heart Sutra）	簡短的經文，據說包含佛教的精髓。
本陣（本陣，honjin）	崗哨鎮的本部，被官方指定做為大名、旗本等重要人物的客棧。
脇本陣（脇本陣，waki-honjin）	本陣的備用設施，用來給地位不及於住在本陣的重要人物住宿。
居合道（居合道，iaido）	日本刀的拔刀藝術，有時被稱為快速拔刀的刀劍術。
石板路（石畳，ishitatami）	鋪設表面粗糙的大石塊作為路面。
岩魚（岩魚，iwana）	一種紅點鮭，日本的河魚（學名Salvelinus pluvius）。
居酒屋（居酒屋，izakaya）	客棧或酒吧，通常提供傳統點心，有點像日本版的tapas。
神社（神社，jinjia）	神道的廟。請勿和佛教的寺廟混淆。有時神社和佛寺占用同一個場地。

地藏（地藏，jizo）	佛教中慈悲的菩薩。剃度身著袈裟，手持棍杖且頂端有六個圈，不僅在地藏菩薩走路時發出響聲，也警告小動物別被踐踏，同時代表每個人經歷的六道輪迴：地獄、惡鬼、畜生、人道、修羅、天道。地藏尤其被視為兒童、小動物和旅人的救星，全日本各地的路邊都看得到祂的石像。
吊橋（架け橋，Kakehashi）	有些吊橋用來渡河，在木曾路的吊橋往往沿著懸崖峭壁或是河流一側，位在高處的堤岸。
神龕（神棚，kamidana）	家中的神桌或祭拜家中神明的小神龕。
關白（関白，kampaku）	天皇的總顧問。
觀音（観音，Kannon）	佛教中救苦救難的慈悲菩薩，有時被指稱為女神。菩薩有時被描繪為男，有時為女，但總是身著美麗飄逸的長袍，充滿超脫塵世的氣氛，觀音像多半在佛寺中，很少會在路邊看到。日本幾乎所有佛教派別都拜觀音。請參考馬頭觀音。
火爐（夏炉，karo）	放在桌上的小型火盆，通常以煤油作為燃料。
鯉魚（鯉，koi）	和戀愛為同音字。用片假名寫，刻意模糊其含義。
駒（駒，Koma）	小馬。
便利店（コンビニ，konbini）	日文對convenience的簡縮發音，意思是便利商店（convenience store）。

琴（琴，koto）	十三弦的樂器，橫放在地上。有時被稱為日本豎琴。
骨酒（骨酒，kotsuzake）	在長約七、八英尺的杯子中，將岩魚等河魚泡在清酒中來喝。
熊鈴（熊避け，kumayoke）	用來嚇跑山徑上或其附近的熊，所搖響的小鈴鐺。
水泡（豆，mame）	日文的字面意思是豆子，也是水泡。
咒語（mantra）	具有力量的音節或一連串音節，能顯現某種宇宙的力量或使佛現形。許多佛教宗派以不斷念誦咒語作為一種冥想的形式。
升形（枡形，masugata）	崗哨鎮中央的小廣場，部分的目的是用來減緩入侵軍隊的速度。
祭典（祭り，matsuri）	日本的傳統節慶，經常是敬拜神祇、神聖的物體或一個活動。
峰之茶屋（峰の茶屋，Mine no chaya）	山巔或山隘頂端的茶屋或休息站。請參考茶屋。
民宿（民宿，minshuku）	客棧或民宅，通常比旅館便宜。提供旅人住宿和餐點，在公共空間用餐。
水船（水舟，mizubune）	一塊木頭挖成中空的水槽，看起來像一條小船。
無常（無常，mujo）	一切事物皆無常，是佛教的基本教義之一。
中之茶屋（中の茶屋，naka no chaya）	在山路或山隘半途中的茶屋或休息站。請參考茶屋。
納豆（納豆，natto）	發酵的黃豆。

念佛（念仏，nembutsu）	重複念誦阿彌陀佛聖號。可以是祈禱文、唱誦、咒語或奉獻的舉動。
除厄（お払い，o-harai）	宗教的淨化過程，洗淨心靈和身體。
女將（女将さん，okami-san）	客棧或小吃店的女老闆。
溫泉（温泉，on-sen）	據信有療癒能力，有些溫泉用來治療特定的疾病。
里（里，ri）	古時衡量距離的單位，等於二點四四英里。
旅館（旅館，ryokan）	日本的傳統客棧，客房中鋪設榻榻米，睡在棉被窩裡，經常是在客房中用餐。
尺八（尺八，shakuhachi）	五個洞的竹笛，垂直而不是水平吹奏。
精進料理（精進料理，shojin ryori）	素食。通常和佛教僧侶的飲食有關，現在在茶會和一些高檔餐廳中，成為一種優雅的時尚。
宿（宿，shuku）	崗哨鎮。
間之宿（間の宿，ai no shuku）	崗哨鎮之間的小車站。
宿坊（宿坊，shukubo）	寺廟區域範圍內的一棟建築物，專門給朝聖者、旅人有時是學生使用。
鷹匠役所（鷹匠役所，takasho yakusho）	特殊功能的辦公室，監管幼鷹的飼養和培育。

短冊（短冊，tanzaku）	一條硬紙板，用毛筆寫詩在上面。
貉（狸，tanuki）	既不是浣熊也不是狗，但長相比較像前者，大小也差不多。據信能忽大忽小而且喜歡惡作劇，有時會化成美麗的女子，並且讓人走錯路。
榻榻米（畳，tatami）	傳統日本住家中，鋪在地上的草墊子，大約六尺長三尺寬，厚一尺半。
山隘（峠，toge）	山隘
床之間（床の間，tokonoma）	日本住家、寺廟或餐廳中的壁龕，上面經常掛卷軸或擺放插花，有時加上其他手工藝品。
清酒瓶（徳利，tokkuri）	用來熱清酒或盛放清酒的瓷器瓶子。
烏龍麵（うどん，udon）	白色的日本粗麵條。
梅干（梅干，umeboshi）	醃漬的日本小杏桃，日本杏桃被誤稱為梅子。
鰻魚（鰻，unagi）	日本常見的泥鰍，烤來吃。
浴衣（浴衣，yukata）	沒有襯裡的棉布衫，類似浴袍，泡澡後穿，也可以在炎熱的夏季作為非正式的和服。經常是藍白相間的花樣。
雜貨店（雜貨屋，zakkaya）	一般賣乾貨或食品雜貨的店。

國家圖書館出版品預行編目(CIP)資料

漫步木曾路：尋訪江戶歷史街道 古代日本的現代探索 / 威廉·史考特·威爾森 (William Scott Wilson) 著；陳正芬譯. ── 初版. ── 新北市：遠足文化，2016.12──(浮世繪；23)
ISBN 978-986-93663-7-3 (平裝)
1. 旅遊 2. 社會生活 3. 日本史

731.9　　105019741

浮世繪 23

漫步木曾路

尋訪江戶歷史街道 古代日本的現代探索

WALKING THE KISO ROAD

作者──威廉·史考特·威爾森 William Scott Wilson
譯者──陳正芬
插畫──汪熙陵
總編輯──郭昕詠
責任編輯─徐昉驊
編輯──陳柔君、王凱林、賴虹伶
通路行銷─何冠龍
封面設計─霧室
排版──健呈電腦排版股份有限公司

社長──郭重興
發行人兼
出版總監─曾大福
出版者──遠足文化事業股份有限公司
地址──231 新北市新店區市民權路 108-2 號 9 樓
電話──(02)2218-1417
傳真──(02)2218-1142
電郵──service@sinobooks.com.tw
郵撥帳號─19504465
客服專線─0800-221-029
部落格──http://777walkers.blogspot.com/
網址──http://www.bookrep.com.tw
法律顧問─華洋法律事務所　蘇文生律師
印製──呈靖彩藝有限公司
電話──(02)2265-1491

初版一刷　2016 年 12 月
Printed in Taiwan